教育部《义务教育课程标准》(2011年版)编写

主　编◎陈学峰　董传进
副主编◎张昱辉　张安玲

新课程 XINKECHENG YOUXIUJIAOXUESHEJIJINGBIAN

优秀教学设计精编

初中政史地

★ 最新颖的教学理念

★ 最鲜活的教学案例

★ 最精彩的课堂片段

★ 最深刻的教学反思

吉林文史出版社

图书在版编目（CIP）数据

新课程优秀教学设计精编·初中政史地／陈学峰，董传进主编．—长春：吉林文史出版社，2012．12（2021.6重印）

ISBN 978－7－5472－1349－0

Ⅰ．①新… Ⅱ．①陈… ②董… Ⅲ．①政治课—教学设计—初中②中学历史课—教学设计—初中③中学地理课—教学设计—初中 Ⅳ．①G633

中国版本图书馆 CIP 数据核字（2012）第 303123 号

XIN KE CHENG YOU XIU JIAO XUE SHE JI JING BIAN　CHU ZHONG ZHENG SHI DI

书　　名：新课程优秀教学设计精编·初中政史地

主　　编：陈学峰　董传进
副 主 编：张昱峰　张安玲
责任编辑：高冰若
封面设计：小徐书装
出版发行：吉林文史出版社
地　　址：长春市福祉大路5788号
邮　　编：130118
网　　址：www. jlws. com. cn
印　　刷：三河市燕春印务有限公司
开　　本：710mm × 1000mm　1/16
印　　张：14
字　　数：150 千字
版　　次：2013 年 6 月第 1 版　2021年 6 月第 3 次印刷

书　　号：ISBN 978－7－5472－1349－0
定　　价：39. 80 元

前　言

FOREWORD

当今世界正在发生广泛而深刻的变化，科技进步日新月异，人类面临的共同问题也在不断增多，国际竞争日趋激烈，对人的思想观念、道德品质和公民素养提出了新的挑战和要求。当代中国也正在发生广泛而深刻的变革，社会主义经济、政治、文化、社会、生态文明建设都进入了一个新的历史阶段。这种发展和变化对义务教育改革提出了新的课题。这本教学设计就是适应了这种需要。它有以下几个特点：

一是前沿性。继 2001 年我国启动了新世纪之交的第八次基础教育课程改革，经过十年的实践探索，教育部又于 2011 年颁布了新的基础教育各科课程标准。新的课程标准不仅发扬了课程改革的传统，同时，强调了教学研究的重要性："要充分整合专业资源，建立专家咨询和指导系统，围绕课程标准实施的重点、难点问题开展深入的教学研究和实践探索，特别要加强对农村地区学校的跟踪指导和专业支持。"这本教学设计，就是在这种背景下出版的。

前沿性的另一个方面是本书依据最新人教版义务教育课程标准试验教科书为范本，精选了七年级至九年级政治、历史、地理三科中最具有代表性的重点章节为教学设计实例，体现了教学内容选择上的前沿性。同时广大参与编写的教师和专家，也采用了灵活且富有个性的教学设计方法和理念，形成方法上的前沿性。

二是主体性。在师生关系上教育界始终存在着争论。但是，如果从教学的有效性角度看师生关系，我们就能得出自然的结论：学生是对象，学生是目的，学生应该成为课堂的主体。在这本教学设计中，我们会看到学生们作为主体的学习活动，而正是这样的活动，才促进了教学质量的提高。

三是生成性。教学设计是一种预设，是教师的教学方案，能不能收到好的教学效果，还要看在教学过程中能不能与学生的实际生活相联系。我们经常说，教学是一种艺术，课堂是艺术的创造，强调的是教师要用自己特色的教学设计，将先进教学理念、风格，融入到不同年龄阶段学生生活经验、兴趣爱好、思维习惯和个性特点中，并在这个过程中实现教学设计的超越，由此创造性地实现教学目标。

四是实用性。本书是由北华大学、吉林市教育局、吉林市吉化六中相关学科专家和一线优秀任课教师共同合作完成的，在很大程度上体现着理论与实践结合的优势。这种优势本身就是基础教育改革的成果，自然这种成果一定会对现实的基础教育产生积极的影响，对正在发生的基础教育相关学科教学发展有着重要的启发作用，同时也会对高等院校教师教育产生有力的影响，在校师范类大学生可以从这本教学设计中感受一线基础教学的改革趋势，也可以由此加深对本学科的理解。

参与策划和撰写本书的人员：陈学峰、董传进、张昱辉、张安玲、何宏权、陈卓、姜春梅、滕金花、王永梅、刘洁、张凤秋、齐丽霞、刘淑媛、于晨红、严梅。由陈学峰、董传进统稿完成。

书中借鉴了许多同行的成果，一并致谢，个别教学设计难免不尽如人意，恳请广大教师在使用过程中提出宝贵意见。同时，也希望有更多的一线教师能够参与进来，与我们共同探索多元化的课堂教学改革之路。

目 录 CONTENTS

第一部分 初中思想品德

第二部分 初中历史

第三部分 初中地理

第一部分

初中思想品德人教版

教学设计说明

学生是教学的对象，又是教学的主体。与其他课程不同，初中思想品德课程不仅要传授基础知识、培养基本能力、指导学生学会学习的正确方法、培养学生良好情感态度价值观，还要引导行为，因为行为的改变是思想品德课的重要落脚点，这也是思想品德课程改革的重要内容。因此，在以下精选的19个教学设计中，以打造生活化课堂为宗旨，强化学习与生活的联系，在联系中改善教学环境，在联系中强化学生的自主意识，在联系中实现思想品德课程的知、情、意、行整体目标的和谐统一实现。这是我们长期坚持的思路，也希望这种思路能给同行以借鉴。

让生命之花绽放

张安玲

教材分析

“让生命之花绽放”是人教版初中思想品德教材七年级（上册）第3课第3节内容。第3课“珍爱生命”，从丰富多彩的生命现象谈起，谈到生命需要相互关爱，人的生命具有独特性，再谈到如何珍爱我们的生命、如何尊重生命、如何延伸生命的价值。依据课程标准“成长中的我”中的“认识自我”部分：“体会生命的价值，认识到实现人生的意义应该从日常生活的点滴做起。”本小节是第三课的重点，也是难点。同时，也是认识自我这一单元的基础部分。通过课标中“认识自己生命的独特性，能够进行基本的自救自护”激发学生热爱生命之情的基础上，接着探讨如何珍爱我们的生命。本节课的要求就是引导学生在正确看待自我的基础上，学会尊重他人的生命与价值，帮助他们正确认识生命，形成正确的生命观。因此，本课在教材中起到承上启下的作用。

学情分析

初中阶段是形成人生观、价值观的重要时期，如何看待自己的生命，生命的意义何在，这些都是极为重要的问题。学生进入初中后，面临着青春期。这时的青少年处于一个半幼稚、半成熟的时期。对于自己的人生有一定的思考，但往往存在一些偏差。特别是现在的学生绝大多数都是独生子女。由于独生子女特殊的家庭结构以自我为中心，导致对他人的生命与价值缺乏一定的重视。因此，帮助学生树立正确的生命观，在形成正确看待自我的基础上，学会尊重他人的生命。

设计理念

这节课遵循了从“生活中到教学”，再从“教学到生活”的理念，首先以周围发生的热点实事问题激发学生的思维，接着通过小品表演、活动展示等形式，让同学知道在珍爱生命的同时应具备的自我保护意识和方法。然后通过两则故事学习尊重自己或他人的生命知识点。接着让学生举例证身边珍爱生命的事例，体现出学生的自主探究。最后通过讨论巩固之前的知识点，并引导学生应该学会延伸生命的价值，为他人和社会做贡献，让自己的生命更精彩。整节课通过教学资源的整合，构建生活化的思想品德课教学，让学生在生活中体验，在体验中感悟，在感悟中践行。

教学目标

知识目标

懂得生命的珍贵，并认识生命的价值和意义，既尊重自己的生命，也尊重他人的生命。

能力目标

具有紧急情况下自我保护的能力；交流、合作能力；获取信息的能力、书面及口头表述能力、模仿及创造能力。

情感态度价值观目标

热爱生命，乐观向上；能够做出正确的价值评判，有较坚强的意志品质和团结合作精神。

教学重点

肯定、尊重自己和他人的生命。

教学难点

生命的内涵和价值，延伸生命的价值。

课前准备

课前将学生分组：

1. 搜集相关自我保护求生知识。
2. 搜集珍爱生命的故事、案例。

教学流程及评析

一、创设情境，思考生命

1. 多媒体投影：

2008年5月12日汶川地震

2010 年 8 月 7 日舟曲泥石流

2011 年 3 月 11 日本遭受大地震并引发海啸 PPT 并配以音乐

2. 多媒体投影：

灾难发生后人们进行积极救援的 PPT

3. 教师：还记得这些让人永远铭记的日子吗？那一刻，地动山摇，天塌地陷，整个世界变了模样，我们震惊，我们痛哭，我们不敢相信这一切是真实的，就在那一刻多少兄弟姐妹、父老乡亲离我们而去，多少生命瞬间被这突如其来的灾难所掩埋……然而，面对死神，却有许多人用顽强的毅力、坚强的信念与它搏斗着。因为他们知道生命是最宝贵的财富，是最值得我们珍爱和肯定的。那么，我们每个人该如何珍爱生命呢？这节课我们就一同来走近——让生命之花绽放。【创造情景，导入本课课题。通过让学生体会到在大自然的面前，人的生命是如此渺小和脆弱，引发学生对生命这一话题的思考，明确教学目标，激发学生探求欲望，为本课的学习做情感铺垫。】

二、互动探究，感悟生命

（一）永不放弃生的希望

活动一：感悟生命的可贵。

1. 多媒体投影：《汶川地震中的非凡女孩——康洁》。

2. 事迹简介：康洁是映秀小学6年级学生，汶川地震发生时，她勇敢机智地选择了跳楼求生，自己成功脱险后又去救助别人，11岁的她不但救了自己，也救了别人。

3. 提出问题：①地震发生时，康洁为什么会选择跳楼求生？

②当遇到如此艰难的抉择时，你能果断地选择求生吗？

③康洁脱险后为什么还要回去救其他人呢？

4. 学生讨论、回答：……

教师：世界因生命而精彩，珍爱生命的人，无论何时何地，无论遇到多大挫折，都不要轻易放弃生的希望。当自己的生命受到威胁时不轻言放弃，不丧失生的希望；当他人生命遭遇困境需要帮助时，也要尽自己所能伸出援助之手。【在学生回答、讨论的基础上，让学生懂得要珍爱生命，就要在遇到危险时不放弃生的希望，敢于与困难斗争。】

活动二：保护生命小常识

1. 小品表演——《回家的路上》。

2. 学生分组展示搜集的相关求生知识。（地震组、溺水组、火灾组、紧急求助组）

3. 根据学生我校安全通道，设计发生火灾时的逃生方案及自我保护措施。

教师：必备的求生知识，能够帮助我们在紧急情况下迅速逃离，也是我们保护生命所必备的。【通过表演、交流、展示，使学生掌握自我保护的求生知识和技能。在分组过程中培养了学生的合作意识。从而突破了本课的重点。】

（二）肯定生命、尊重生命

活动三：体会生命的可贵。

1. 多媒体投影："7.23"动车追尾事件中的生命奇迹小伊伊的获救过程。

2. 展示学生搜集的珍爱生命小故事。

教师：我们每个人的生命都是有价值的。我们在珍爱自己生命的同时应该肯定他人的价值、尊重他人的价值。【通过图片、材料感染学生，使学生体会到任何生命都是有价值的。特别是当他人的生命遭遇困境，需要帮助时应该怎样做，努力成为有爱心的人。】

3. 多媒体播放视频：网友为鼓励小伊伊坚强制作的感人视频。

4. 填一填：教材 P30 相关内容，请学生展示。

如果父母不在身边，我的生活会________。

如果朋友不在身边，我的生活会________。

如果没有医生呵护我们的健康，我们的生活会________。

如果没有农民种田，我们的生活会________。

如果没有……

教师：你来到这个世界上，可以为你的家人带来欢声笑语，可以为朋友献上一份真挚的友谊，可以通过自己的努力成为社会人才，为某个行业奉献自己。因此，我们首先要肯定自己生命的价值，不轻视自己，并且从小事做起，从现在做起，为以后真正实现自己的价值做准备。【通过观看感人视频和填写材料，给学生心灵以撼。使其明确自己的生命与国家、社会和他人的联系。】

活动四：体会生命的残缺美。

1. 阅读教材 P31 的内容。

2. 出示二则材料：张海迪、汪伊美的故事。

3. 探究思考：当生命遭遇残缺时，我们该怎么办？

4. 多媒体视频：手语诗《我的梦》。

生命，总是有梦的/生命，总有向往/让我们每时每刻/都享受每一寸阳光吧/生命，总是有价值/哪怕是一棵受伤的树/也献出了一片绿荫/即使是一朵残缺的花/也散发着全部芬芳/生命，总在经历/让我们用快乐和感恩的心/面对人生的每波每浪

教师：生命不可能十全十美，但是有残障的生命也可以创造出价值，作出贡献，即使不能为我们做出贡献的缺憾的生命，我们也应该尊重他、同情他。【通过学生身边的人物，激励学生在遇到困难和受到病魔的挑战时应以积极乐观的态度去面对。突破了本课的难点。】

（三）延伸生命的价值

活动五：探究生命意义。

1. 多媒体投影：臧克家的《有的人》。

2. 提出问题：什么样的人活着，但他已经死了？什么样的人死了，但他还活着？我们该向哪些人学习呢？

3. 学生思考、讨论：要提升生命的价值，就需要我们脚踏实地，从现在做起，从我做起，从一点一滴的小事做起。要树立崇高的理想，努力学习，掌握本领，长大后回馈社会，造福人类。让有限的生命拥有无限的内涵……

4. 多媒体投影：张衡、李时珍、司马迁、袁隆平、诺贝尔、安徒生、雷锋事迹。

教师：他们为民族、为国家、为人类作出了突出贡献，所以受到人们的崇敬。即使他们的生命结束，但他们生命的价值却得到了更长的延伸、更充分的体现。【通过探究问题的思考，使学生感受到每个人都可以通过自身的努力，使自己的生命更有价值。】

5. 多媒体投影："人的一生应该是这样度过的：当回忆往事的时候，他不会因为虚度年华而悔恨，也不会因为碌碌无为而羞愧；在临死的时候，他能够说：我的整个生命和全部精力，都已经献给了世界上最壮丽的事业——为人类的解放而奋斗！"——奥斯托洛夫斯基

6. 请同学们自己动手写"生命箴言"。

A. 组谈论，交流；

B. 派代表全班交流；

我的生命箴言____

C. 评出优秀的箴言

【引导学生从自己的榜样、名人身上学习他们怎样实现自己的生命价值。】

三、课堂小结

教师：像一朵花，生命之花是灿烂的，也是脆弱的，稍不珍惜就会枯萎、凋零。我希望同学们心中的每个小小的梦想，都能够慢慢实现。让我们珍爱生命中的每一天，以良好的心态对待成功和失败，奋力前行，实现自己心中的理想，让生命之花绽放得更加鲜艳美丽！希望我们的班集体因你的存在而更温馨！

诗朗诵：《生命的礼赞》。【教师小结，归纳升华。】

四、课后延伸

思考：怎样的人生是最有意义的？【将课内知识进一步深化，引发学生深刻的思考，从而有助于知识的内化。】

版书设计

让生命之花绽放

让生命之花绽放
- 永不放弃生的希望
  - 求生的意志
  - 求生知识
- 肯定生命，尊重生命
  - 每个人的生命都是有价值的
  - 肯定他的价值，尊重他的生命
  - 幸福快乐的生活从悦纳生命开始
- 延伸生命的价值
  - 生命的意义在于对社会的贡献
  - 我们要珍爱生命，延伸生命的价值

教学反思

本节课整体教学思路清晰，教学环节设计环环相扣，使知识结构浑然一体。由浅入深，逻辑性很强。重点突出，难点突破。重点部分："肯定生命，尊重生命"，引导学生通过讨论最终明白了世界上没有十全十美的生命，必须学会悦纳生命，肯定生命；学生通过自身体验明白了每个人的生命都是有价值的，所以应该尊重他人以及自己的生命。"思索生命的意义""提升生命的价值"，这部分内容，就学生的知识水平而言，比较难理解。通过学生熟悉的人物和事例，使其感悟到生命的意义不在于长短，在于奉献。

附：学生搜集的求生知识资料。

1. 急救知识：

①拨通110电话时，请先确认自己没有打错电话，再说清楚案发或者求助的确切地址（如某城区某大街某单位某楼多少号），要冷静。

②发现火灾请迅速拨打119，说清楚详细地址、起火部位、着火物质、火势大小、报警人姓名及电话号码，并派人到路口等候消防车。

③拨通122电话之后请说明交通事故发生的准确地址、受伤程度以及肇事车辆的车牌号码、车型和颜色。

④拨通120急救电话之后，应说清需急救者所处的地址、姓名、年龄等。

2. 家庭防火知识：

①油锅着火千万不能泼水灭火，正确的做法应关闭炉灶燃气阀门，直接盖上锅盖或用湿抹布覆盖，令火窒息，还可向锅内放入切好的蔬菜冷却灭火。

②燃气罐着火，要用浸湿的被褥、衣物捂盖灭火，并迅速关闭阀门。

③家用电器或线路着火，要先切断电源，再用干粉或气体灭火器灭火，不可直接泼水灭火，以防触电或电器爆炸伤人。

④救火时不要贸然开门窗，以免空气对流加速火势蔓延。

⑤迅速拨打119。

3. 地震自救知识。

①在楼内，应选择小开间、坚固家具旁就地躲藏；在平房，根据具体情况或选择小开间、坚固家具旁就地躲藏，或者跑出室外空旷地带。

②地震后房屋倒塌有时会在室内形成三角空间，这些地方是人们得以幸存的相对安全地点，可称其为避震空间，它包括炕沿下、坚固家具下、内墙墙根、墙角、厨房、厕所、储藏室等开间小的地方。因此，当地震发生时，如果在室里要注意利用它们。

③保持镇定并迅速关闭电源、燃气，随手抓一个枕头或坐垫护住头部在安全角落躲避；躲避时不要靠近窗边或到阳台上去！千万不要跳楼！

④如在学校正在上课时，要在教师指挥下迅速抱头、闭眼、躲在各自的课桌下。在操场或室外时，可原地不动蹲下，双手保护头部。注意避开高大建筑物或危险物。震后应当有组织地撤离。

发现自己的潜能

张安玲

教材分析

“发现自己的潜能”是人教版初中思想品德教材七年级（上册）第2单元第5课第2框题的内容。依据新课程标准“成长中的我”中的“认识自我”部分，“了解自我评价的重要性，能够客观地认识自我、积极接纳自我，形成客观、完整的自我概念”的要求，本框题主要使学生认识和了解潜能，并从潜能的角度来展望潜在的自己，进一步树立完善自己的信心。从知识结构来看，学生在学习第一框题内容后达到全面认识自己的基础上，通过本框内容的学习，能够学会发展地认识自己，最后为第三框完善自己奠定重要的知识基础。因此，本框题在第五课中具有承上启下的重要作用。

学情分析

七年级学生正处于少年期，这是学生生理、心理急剧变化的关键时期，即从童年向青年过渡、从幼稚向成熟过渡、从不定型向定型过渡时期。这一时期学生的自我意识开始增强，好奇心重，会不断对自己提出一些与自身相关的非常基本的问题：我是谁？我的能力价值责任如何？我怎样适应社会？……由于部分学生对自己的认识不足，缺乏一定的自信，面对学习和生活中出现的困难和挫折，表现出对未来的迷茫和恐惧。所以，让学生通过认识“潜能”这一令人感到神秘、遥远的话题，知道潜能与成功的紧密联系，通过发掘潜能的过程，使他们学会用发展的眼光看待自己，对自己的未来充满信心。因而，本课的学习就显得尤为重要。

设计理念

新课程标准强调“教学过程应与学生的实际相联系”。基于新课标的理念，本课先通过社会的热点以及学生身边的人物入手，通过创设情境，让学生在情感上产生震撼和深入思考；并感受潜能以及潜能的巨大作用。接着运用探究式课堂教学方式，以学生的主动参与为前提，帮助学生认识到应最大限度地发挥出自己的潜能，最后引导学生应以积极的心态去面对未来的学习和生活。

教学目标

知识目标

认识到每个人都有巨大的潜能，掌握发掘潜能的方法。

能力目标

形成主动探究，在实践感悟中学习的能力、分析比较能力、自我超越的能力。

情感态度价值观目标

能够开发自我的潜能，不断完善自我，乐观向上，正确认识自我。

教学重点

学生能形成对潜能的进一步认识并找到发掘自身潜能的方法。

教学难点

学生结合实际来认识和探究自身存在的潜能。

教学流程及评析

一、创设情境，初识潜能

1. 多媒体投影：

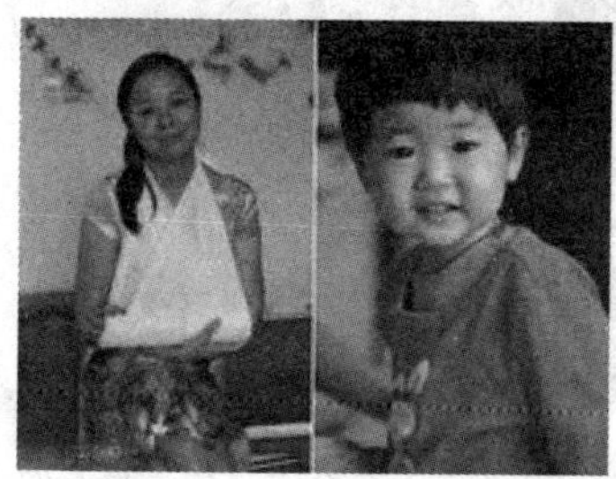

2011年7月2日下午，杭州滨江白金海岸小区。两岁的妞妞趁奶奶不注意，

爬上了窗台，接着被窗沿挂住，随时都有坠落的可能。这可是在10楼，楼下的邻居都惊呆了。坚持了一分钟左右，妞妞还是掉了下来。说时迟那时快，刚好路过这里的吴菊萍踢掉高跟鞋，张开双臂，冲过去接住了妞妞。被紧急送往医院后，吴菊萍被诊断为左手臂多处粉碎性骨折，尺桡骨断成三截，预计半年才能康复。逃过一劫的妞妞在10天后苏醒过来，开口叫了“爸爸、妈妈”。后来，据网友估算，这位被称为“最美妈妈”的母亲居然接住了相当于335公斤物体的重量。

2. 提出问题：通过读这个小故事，你相信母爱有这么大的力量吗？这种巨大的力量使你感受到人类的什么？

3. 学生讨论、回答：……

4. 教师：当危险裹胁生命呼啸而来，母性的天平在潜能的激发下容不得半点倾斜，她用尽了全身的力气，挺身而出，接住了生命；创造了将不可能变为可能的奇迹。看来是潜能赐予了母亲巨大力量，否则，妞妞就会失去她幼小的生命。那么，潜能到底是怎么回事？一个人真的有那么大的潜能吗？我们该如何认识和发掘自己的潜能呢？【创设情境，引发学生思考。通过生活中的真实事例，形成对潜能的初步认识和感知。为新知识的学习奠定良好的基础。】

二、感受体会，认识潜能

活动一：看一看。

1. 多媒体投影：史蒂芬的奇迹。

2. 多媒体投影：

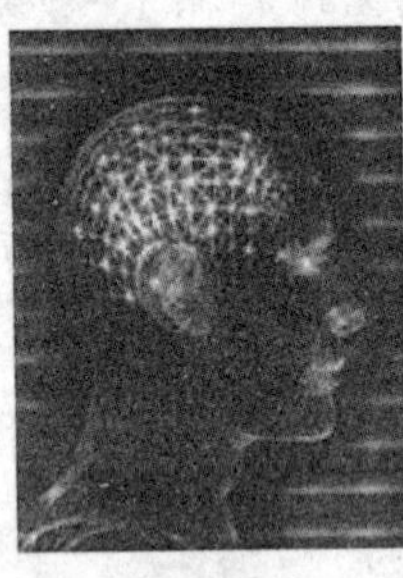

人脑潜能

马克思能阅读欧洲一切国家的文字

南京一名哑女周婷婷能背圆周率小数点以后1000多位

爱迪生做出 2000 多项发明

茅盾能背出整本《红楼梦》

3. 提出问题：你相信人真的有这么大的潜能吗？

4. 学生思考、讨论：……

5. 播放 2010 年 10 月 1 日嫦娥二号卫星发射升空的过程。

6. PPT 展示嫦娥一号卫星与二号卫星的差异资料。

7. 引导学生深入思考：在人类发展中潜能起到什么作用？

【高度发达的当今人类政治、经济、文化、科技成果，是人类不断开发潜能、不断创造的结晶。通过多媒体创设情景，提升认识使学生对潜能的认识进一步得到提升，并与现实生活中的问题联系起来。从而实现对难点的突破。】

活动二：连连看。

1. 阅读教材 P52 人的七个智能。

2. PPT 展示图片。

①节目主持人董卿、李咏和毕福剑。②当今世界最年轻的钢琴大师朗朗、世界男高音帕瓦罗蒂、著名歌手周杰伦。③数学家祖冲之和华罗庚。④体育健将刘翔和郭晶晶。⑤邓小平与“一国两制”。⑥唐太宗李世民。⑦航天之父钱学森、神舟八号。

3. 小游戏：将代表人物与人的七个智能用线段快速的连起来。

4. 将连线隐藏起来，比一比，哪组说的快。

教师：看来，人的潜能是多方面的。研究证明，每个人至少有七个方面的潜能。【通过连线游戏使学生知道人的潜能是多方面的。每个人至少有七个方面的智能。在轻松的活动中既让学生获得了知识，又让学生通过游戏形式体会到学习的乐趣。】

活动三：说一说。

1. 学生填表：开发我的潜能。

对照上述七个方面，我还有哪些潜能未被开发。

我现在的特长表现在________。

我可能有________________。

我的好朋友现在的特长表现在________________。

我的同桌现在的特长表现在________________。

有突出特长的同学进行才艺表演。（绘画、舞蹈、器乐演奏等）

2. 多媒体投影：李小双的故事。

3. 提出问题：人的特长等于潜能吗？

4. 学生思考、回答：……

教师：人的特长并不等于潜能，因为我们还有许多潜能处于沉睡状态，没有被唤醒。所以，我们大家要做一个有心人，善于把他们发掘出来。发现自己的潜能是取得成功的重要条件。【让学生通过对自身潜能的认识过程，以探究交流形式，阅读思考、归纳概括、辨别分析从而了解人的潜能的内涵、大小、差异。】

三、深入探究，发掘潜能

活动四：选一选。

1. PPT 展示日本企业家自我暗示、孩子玩沙、方仲永的悲剧。教师介绍三种发掘潜能的方法。

2. 学生根据课前收集的发掘潜能方法的材料进行讨论与重组、筛选，精选出满意的方案。

3. 分组展示，并进行评比。

4. 将发掘潜能的方法进行归纳、概括。（板书：积极暗示法、目标想象法、参与实践法）

教师：从这些人的做法中我们可以总结经验，得到启示。生活中，我们通过这些有效的方法，然后通过实践来才能不断激发自己的潜能，从而实现自己的目

标。【通过小组讨论、交流，使学生明白潜能的激发重在制订计划，培养习惯，付诸实践。】

四、归纳小结，情感升华

1. 归纳概括。

(1) 通过本课的学习你有什么收获？

(2) 人的潜能有哪些方面？

(3) 怎样发掘自己的潜能？

【请学生对本课内容进行系统的归纳总结，形成对重、难知识点的进一步理解和掌握。】

教师小结：世界潜能大师伯恩崔西说“潜意识的力量比意识大三万倍”，每个人的潜能都是巨大的，人的潜能是无穷的。生活中我们遇到的许多问题，不是“能不能”，而是“要不要”。你真正想要什么？放手去做，全力以赴，只要发挥你的潜能，一切皆有可能！所以，尽情释放自己的潜能吧！就像一首诗中说道：跳舞吧，像没人欣赏一样；唱歌吧，就像没人聆听一样！相信自己，努力着，坚持着、快乐着，永不认输！【教师激励、并升华本课的主题。激发学生积极向上的良好情感态度价值观，同时使学生体验学习的快乐，对未来充满信心。】

2. 课后延伸。

根据本课内容的学习，写一篇题为：“向不可能说 NO”的短文，要求：字数在 300 字左右，各小组内评选出优秀的在班内展示。【落实本课任务，使活动进一步拓展延伸。】

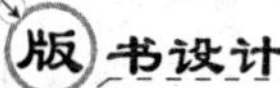

版书设计

发现自己的潜能

- 发现自己的潜能
  - 什么是潜能
  - 潜能表现在哪些方面
    - 音乐智能
    - 数理逻辑智能
    - 空间智能
    - 身体运动智能
    - 人际交往智能
    - 自我认识智能
  - 潜能可以开发、有待我们去发掘
  - 发掘潜能的方法
    - 积极暗示法
    - 自我形象设计法
    - 实践法
    - ……

课后反思

课程改革要求学生将被动接受式学习转变“主动、合作、探究”的学习方式的理论。本节课在整体设计上能够充分践行新课标这一标准，因此学生在学习过程中发挥了主动性，能带着兴趣参与到问题的解决中，取得了良好的效果。特别是运用了游戏的方式以及视频的形式将抽象的知识形象化，达到了预期的目标。虽然基本令人满意，但仍存在不足之处。例如在让学生说一说潜能与特长之间的关系这一环节上，学生的发言和表现不够好，究其原因，可能和学生分析问题的能力还不够强等方面有关，今后在学习过程中应继续加强和培养。总之，在今后的教学中仍将不断努力、改进，争取让每堂课都精彩，每堂课都完美!

附注：

斯蒂芬的故事

一位已被医生确定为残疾的美国人，名叫斯蒂芬，靠轮椅代步已二十年，他的身体原本很健康，他赴越南打仗，被流弹打伤了背部的下半截，被送回美国治疗，经过治疗他虽然康复，却没法行走了。他整天坐轮椅觉得此生已经完结，有时就借酒消愁，有一天，他从酒馆出来，照常坐轮椅回家，却碰上三个劫匪，动手抢他的钱包，他拼命呐喊拼命反抗，却触怒了劫匪，他们竟然放火烧他的轮椅，轮椅突然着火，斯蒂芬竟然忘记了自己的双腿不能行走，他拼命逃走，求生的欲望竟然使他一口气跑了一条街。事后，斯蒂芬说：如果当时我不逃走，就必然被烧伤，甚至被烧死。我忘了一切，一跃而起，拼命逃走。以致停下脚步，才发现自己会走动。现在已在纽约找到一份工作，他已身体健康，与正常人一样行走。

学会调控情绪

张安玲

教材分析

“学会调控情绪”是人教版思想品德教材七年级（上册）第3单元“过富有情趣的生活”第六课“做情绪的主人”的第二框。依据课程标准“成长中的我”中的“认识自我”部分中的“学会调节和控制情绪，保持乐观心态”；“我与他人的关系”中“学会换位思考，学会理解与宽容”；“我与国家和社会”中的“积极适应社会的发展和进步”部分中的“正确对待学习压力，克服考试焦虑，培养正确的学习观念。”学习本框题，对于学生正确认识、把握、调控自己的情绪，培养和保持积极乐观的态度，塑造健全的人格具有重要的意义。从内容安排上看，本课由“情绪是可以调适的”、“排解不良情绪”、“喜怒哀乐，不忘关心他人”这三目组成，其中“如何排解不良情绪”是本课的落脚点，旨在让学生通过学习，选择正确、合理的方式表达情绪。本课既是第六课第一框“丰富多样的情绪”的逻辑发展，同时也为第七课的学习奠定了重要的基础，起到了承上启下的重要作用。

学情分析

情绪虽说是人的心理活动，但它与每个人的学习、工作和生活等方方面面都息息相关。积极、向上、快乐的情绪有益于个人的身心健康，有益于个人的智力发展，有利于发挥个人的正常水平；相反，消极、不良的情绪会影响个人的身心健康，抑制个人智力的发展和正常水平的发挥。

对于升入初中的七年级学生来说，他们正处于充满“心理冲突”的青少年期间，情感体验要比小学丰富、深刻的多，对未来充满幻想，乐观的情绪占主导，表现出半成熟、半幼稚的矛盾特点。他们在情绪上表现出冲动、易变、不冷静；遇到不顺心的事，情绪反应强烈、波动性大；两极性明显，自我控制能力较差，不大会掩饰自己的情绪。同时，由于多为独生子女，在家中备受关注，以自我为中心的心理倾向较为严重。在与他人的交往中常表现为以自我为中心，不去考虑他人的感受。个别学生遇到困难和挫折后，往往情绪低落或不稳定，造成性格孤僻。本课学习的内容，就让学生在讨论、比较和活动中了解不良情绪的危害，学会帮助他人消除不良情绪以及找到适合自己的情绪调节方法，培养学生良好的心理适应能力和积极健康的情绪，从而能够主动调控情绪，学会愉快、健康的学习、生活。

设计理念

根据新课标的要求，从初中学生的认知水平和生活实际出发，联系学生的亲身感受激发学生学习兴趣，让学生在学习中健康地成长。本课从学生的经验和体验出发，注重设置体验性教学。通过设置情境，以小品表演、辩论等形式，引导学生自主参与课堂讨论与探究，使学生真确认识情绪，选择正确、恰当的方式表达情绪，理解他人的情绪感受，建立融洽的人际关系。由此启发学生的思维，诱发学生的内在学习驱动力，培养学生分析问题和解决问题的能力。

教学目标

知识目标

了解青少年的情绪特点，明确情绪调控的有效方法。

能力目标

逐步掌握一些情绪调节的有效方法，形成自我调适，自我控制的能力，能够较理智地调控自己的情绪。

情感态度价值观目标

能够自觉换位思考，体验他人的感受，学会共享快乐与分担忧愁，培养积极乐观的生活态度。

教学重点

调控情绪的方法。

教学难点

喜怒哀乐，不忘关心他人。

课前准备

因情绪冲动犯罪的案例、资料。

教学流程及评析

（一）情境导入，感受烦恼

1. 播放快乐星球主题曲《小小少年》Flash片段。

歌词大意："小小少年，背着大书包，做不完的作业，听不完的唠叨，我们要有故事的生活。太烦，太烦，太烦，老师家长你听我说，春天只有一种颜色太单调，折了翅膀的小鹰，飞不高。小小少年，背着大书包，做不完的作业。我们要过快乐的童年，我们要自己的生活。"

2. 提出问题：同学们，大家听过这首歌吗？这首歌的歌词中提到的烦恼你们也有吗？除了这些，你还有哪些烦恼呢？

3. 学生思考、讨论：……

4. 教师：生活中难免会遇到各种事物的纷繁与复杂，势必也会对我们产生各种各样的影响。可以说，在成长的进程中，每个人的生活和学习都不可能是一帆风顺的，随时遭遇各种各样的烦恼。各种各样的烦恼也会伴随着各种情绪在我们身上体现出来。那么，遇到烦恼我们怎么办呢？

5. 多媒体出示课题：学会调控情绪做情绪的主人。（学生齐读）【通过歌曲Flash的展示导入新课，创设情境，吸引学生的学习注意力，增强学习兴趣。】

（二）思考感悟，自主明理

活动一：情景表演。

1. 请四位学生到教室前面，教师设定“要考试了”的情景，让他们表演“喜、怒、哀、惧”四种情绪。

2. 提出问题：为什么面对考试这一相同的事情，四位同学会有不同的情绪表现？

3. 学生讨论、回答：……

教师：看来情绪与我们每个人的态度是紧密相连的。月有阴晴圆缺，人有喜怒哀乐，但这并不意味着我们是情绪的奴隶，任它支配自己的行为。如果说情绪是奔腾的洪水，那么理智就是一道坚固的闸门。【通过设置“面对考试，学生不同的情绪表现”这个情境，让学生明白情绪是可以调适合的，并认识到控制自己的情绪理智是最有效的手段。】

活动二：情绪小故事。

1. 多媒体展示：《老奶奶的故事》。

2. 提出问题：老奶奶的变化说明了什么？对我们有什么样的启示呢？

3. 学生讨论、回答：……

教师：通过阅读小故事，我们会感受到故事中的老奶奶那样，换个角度考虑问题，心情也大不相同了。以不同的心态想事情，情绪不同，做事的效果也会不同。所以，我们每个人都要学会通过积极乐观的态度考虑问题，用适当的方法来调整自己的情绪。【通过阅读、分析小故事，使学生明白情绪与个人的态度之间的关系，表明了情绪是可以自己调节的主旨。】

活动三：案例分析。

1. 多媒体投影：马加爵事件的悲剧。

2. 学生将课前搜集的因情绪犯罪的案例进行展示。

3. 深入探究：从这些案例中你能发现青少年的情绪有什么特点？对我们有什么启示？

4. 学生讨论、分析并形成书面分析报告。

教师：青少年阶段是人生的花季，初中生的情绪表现出容易冲动、易变、肤浅、强烈、不协调，两极性明显的特点，情绪表现很不稳定、很不成熟，自我控制能力还较差。情绪的冲动、不稳定、极端化等特点，使得不少中学生成为不良情绪的俘虏。不良情绪使我们不能专心致志、善始善终地做好每一件事，学习和生活也因此受到干扰，有时放任的情绪还会影响精神状态和身体健康，妨碍正常的学习和生活，影响师生关系、同学关系和亲子关系，使我们冲动、消极、无所事事，甚至做出一些违背道德和法律规范的事情。【师生通过案例分析，让学生加深情感体验，感受到调控情绪对于个人行为和生活的重要性，从而激发学生想要调控不良情绪的欲望。同时也锻炼了学生搜集、整理资料的能力。】

活动四：不良情绪聊天室。

1. 全班分为两大组，每个同学写出自己最近最烦恼的三件事。（不用署名）

2. 将这些烦恼收集起来分别放到两个盒子里。

3. 两组同学分别派几名代表，到对方的盒子里抽签，并念出纸上的内容。

4. 针对这些问题分别给出解决问题的方案。

5. 在教师的引导下将这些解决方法进行有效归类。

教师总结：学们解决烦恼的办法还真不少呢。改变想法、换位思考、大哭一场、写日记、听音乐、做运动、画画、向别人倾诉等等这些方法都不错。如果将这些方法归类，情绪调节和控制的方法有理智调控法、注意力转移法、合理发泄法。希望你们每个人都能根据自己的实际情况，找到适合自己的方法，以健康的心理和积极乐观的态度来解决和调控生活和学习中出现的各种烦恼。【通过这一环节，让学生大胆发言，各抒己见，交流调控不良情绪的方法，同时明确调控情绪的方法要因人而异，灵活使用，不要导致负面作用。】

活动五：课堂小辩论。

1. 将全班同学分成正反两方。

2. 推选代表阐述自己的观点及理由。

正方：喜怒哀乐虽然是个人情感，但还是应该考虑周围人的感受。

反方：喜怒哀乐是个人的事情，何必管周围的人，爱笑就笑、爱哭就哭。

3. 评选出最佳辩手。

4. 多媒体投影：情绪小故事。

5. 探究分析：这个小故事说明什么问题？对你有什么启示？

教师：人的情绪具有相同性和感染性，一个人的情绪很容易影响到周围人。只顾发泄自己的情绪，不顾他人的感受是不通人情的做法。我们应该学会在适当的场合、用合理的方式表达情绪。【引导学生通过辩论、分析材料的方式，归纳出情绪表达应在合理的场合、通过合理的方式。】

活动六：“为朋友分担痛苦”讨论。

1. 学生回忆自己与家人、朋友等共享快乐、分担忧愁的经历。

2. 结合教材 P68 的故事，讨论自己与人分享快乐、分担忧愁的心理感受。

3. 探究问题：当家人、朋友难过时，你会怎么做。

4. 播放视频：公益广告《快乐传递》。

5. 多媒体展示“微笑传递，志愿服务”的新闻、图片材料。

教师：对别人给予更多的关心，共享彼此的欢乐，分担彼此的痛苦，那么，我们的喜悦将加倍，而痛苦将变少。赠人玫瑰，手有余香，我们要学会关爱他人，博大的爱意将让社会变得更加美好！【通过对教学资源的整合，引导分析、理解问题的能力，使学生意识微笑传递、爱在传递，美好的情绪、博大的爱意让社会更美好、更和谐！加深学生推己及人、关注他人的情感意识。从而突破了本课的难点。】

（三）回馈收获，体验快乐

1. 教师：通过这节课的学习，你的心理有了哪些有新的感悟和体验？

2. 学生思考、回答：……【梳理、归纳本课知识点，将重点和难点内化。】

3. 教师小结：“有一则格言说得好‘你无法改变天气，却可以改变心情；你无法控制别人，但能够掌握自己。’通过今天的学习，我相信同学们一定可以妥善处理好自己的情绪，成为情绪的主人，让我们每天都有好心情，每天都幸福平安；让我们一起人人争做“快乐的小天使”！【通过教师赠言，激励升发情感，强化美好的心理品质。】

版书设计

学会调控情绪

- 学会调控情绪
  - 情绪是可以调适的
    - 情绪需要调控
    - 情绪与个人的态度紧密相关
  - 排解不良情绪
    - 青少年情绪具有多变的特点
    - 排解不良情绪的方法
  - 喜怒哀乐不忘关心他人
    - 情绪表达需考虑他人感受
    - 分享快乐，分担忧愁

教学反思

这节课我主要采用自主合作探究式学习模式，创设问题情境，给学生想、做、说的机会，课堂充满了民主、和谐、愉快的氛围，学生表现出了极大的学习热情。课堂上我能够比较全面的关注学生个体，学生的知识获得不是被动接受的，而是在我引导下通过自己探索、感悟，主动获得的，这充分体现了“学生为主体，教师为主导”的教学理念，从中培养了学生良好的思维习惯和自学能力，使学生掌握了适应实际需要的基本技能。整个教学过程，我始终是以一个交流者、倾听者、建议者的身份出现，通过言谈和倾听与学生进行双向沟通和交流，与学生一起分享问题探索中的快乐，达到了春风化雨、润物无声的教学效果。

告别依赖　走向自立

张安玲

教材分析

“告别依赖 走向自立”是人教版初中思想品德教材七年级（下册）第3课“走向自立人生”中的第二框的内容。依据课程标准第一部分“成长的我”中“认识自我”部分：“主动锻炼个性心理品质。磨炼意志，形成良好的学习、劳动习惯和生活态度。”“自尊自强”部分：“养成自信自立的生活态度，树立为人民、为社会服务的远大志向，体会自强不息的意义。”课程标准第二部分“我与他人的关系”中“权利与义务”部分：“理解权利与义务的关系，学会尊重他人的权利，履行自己的义务。”

从教材内容的逻辑顺序来看，本框题是前一个框题《自己的事情自己干》的逻辑发展。前面两课着重让学生明白人贵有自尊自信，为完善自我，还须走自立之路。前一个框题是对自立的含义、表现以及意义的理论学习，那么这节课就是方法论的学习，引导学生如何自立，同时这一框题也为下一课《人生当自强》的知识学习和行为实践作了有力的准备，因为只有自立的人才能自强。因此，本节课从内容的整合上看具有承上启下的作用。

学情分析

依赖是生活中学生存在的普遍现象。七年级学生在生理发展上已趋近成熟，但从心理发展上看在身体急剧成熟的驱使下，产生了独立感和成人感，力求摆脱对成人的依赖，迫切要求自主。也渴望独立，反对父母干涉自己的行动，但实际上又对学习生活产生不适应：学习上被动、方法不当、学习独立性差，因此会陷入矛盾困惑的状况。同时，由于步入初中阶段的中学生正处于青春期阶段，开始有了强烈的独立意识，要求自主。但由于认识、情感、行为发展的限制，在遇到困难和挫折时，许多孩子对父母的依赖性很强，一旦离开父母，情绪就会不稳定。面对知行不统一的学生，如何帮助他们逐步学会告别依赖走向自立，相信自己会在父母、老师引导下逐渐用实际行动去培养自立能力，以积极的生活态度面对今后的生活显得尤为重要。

设计理念

初中生正处于身心迅速发展和学习参与社会公共生活的重要阶段，迫切需要正确的引导和帮助。让学生在活动中体验依赖的危害，在体验中感悟自立的重要性，在感悟中升华——做一个自立自强的人。本课在设计上遵循来自生活、回归生活的思路，以学生的生活场景，通过引导学生进行主动的生活体验。通过情景再现，突发事件的解决，让学生明确自己责任形成正确的生活观。结合材料问题引导学生思考探究；通过现场家务活的调查，让学生明白知行统一，激发学生反思和改进；通过辩论和讨论让学生产生观点碰撞，从而学会分析问题，并在老师引导下进行归纳，以利于达到教学目的；学会用实际行动去告别依赖走向自立，养成自信自立的生活态度。

教学目标

知识目标

知道依赖的表现及危害；了解自立的表现；懂得自立的方法；明确自主的含义以及自主与自立的关系。

能力目标

初步形成自己管理自己学习和生活的能力；在实践生活中积极锻炼。

情感态度价值观目标

形成正确的人生观，明确在法治社会公民权利与义务的关系。

教学重点

如何培养自立能力。

教学难点

认识依赖的危害性。

教学流程及评析

一、情景入手，引发思考

1. 多媒体投影——军训的场景。

2. 提出问题：大家还记得我们军训中发生的趣事吗？为什么要对大家进行军训呢？你能谈谈自己做的最难忘的事吗？

3. 学生思考、讨论。

4. 教师：军训经历对于每个人来讲都是难忘的。军训能锻炼人的意志品质。军营生活更能让我们学会很多基本的生活自理能力，而自理是一个人逐步摆脱对家人、老师的依赖，逐步走向自立的前提。今天，我们就继续上一节课“自立”的话题，一起来学习一下第二框“告别依赖，走向自立”。（多媒体出示课题——告别依赖 走向自立）【通过设置故事情境，激发学生的学习兴趣；通过反思讨论，让学生在感悟中进入新课的学习。】

二、感悟体会，不能再有依赖

活动一：看一看。

1. 多媒体展示：小雅的故事。

2. 视频播放“啃老”引发的悲剧。

3. 思考讨论：

（1）这两则故事中的主人公有一个共同的特征是什么？为什么？

（2）从这个事例中我们可以看出这种行为有哪些危害？

4. 学生总结依赖的危害，将结论归纳总结。

5. 提出问题：“你是一个自立的人吗？”【充分利用课本已有的材料，并在此基础上结合社会生活中出现的问题，引发学生深入深思，使学生深刻感受到依赖的思想的危害性，从而引发学生增强自身自立能力的紧迫感。】

6. 学生根据自身实际完成调查，并根据结果进行统计。【通过问卷的方式让学生了解自己的自立现状，增强培养自立能力的意识，为后面的教学做铺垫。】

三、阅读材料，区别自立和自主

活动二：想一想。

1. 多媒体投影：杰出青年在童年时期具备的特征。

2. 提出问题：《少年儿童研究》杂志社曾经对148名杰出青年的童年教育做过调查，发现杰出青年在童年时期具有六大特征，在六个特征中居于首位的是什么？

3. 学生回答。

4. 教师：六大特征中，自主自立的精神被列为首位，可见，自主自立对于我们的未来发展有多么重要。通过前面的现场测试，发现我们班的同学自立能力较强，说明我们班学生具备成为杰出青年的条件。成为杰出青年，还需要我们学会独立解决现实生活中遇到的各种问题。我们看看我们的同龄人是怎样做的！

5. 多媒体展示：美国、英国、日本等国儿童自立情况。【通过让学生了思考、探究自立的情况，引发学生思考，为接下来的知识点学习提供铺垫。】

活动三：读一读。

1. 学生看课本 P41 的插图并讨论问题：这个学生以前改不了睡懒觉的坏习惯，有哪些原因？为什么她后来改正了？

2. 引出自主的含义。【仍然是合理利用课本已有材料，通过对比分析，引导学生从小事当中看实质问题，引导学生认识到要明确自己的责任，做到自己的事情自己负责。】

3. 教师：随着年龄的增长，我们在日常的学习和生活中要学会自己的事情自己做，即做到自主，我们的自主能力如何呢？

活动四：考一考。

1. 多媒体展示。

情景一：在上学的路上，小林的车胎扎破了，但是，附近修车行的师傅们还没到上班的时候，小明该怎么办呢？

情境二：学校要组织鼓号队训练，可妈妈担心参加鼓号队训练会影响学习，不让小雷参加，这让小雷感到很为难。他该怎样做呢？

2. 提出问题：你认为如何使自己成为学习和生活的主人呢？自主与自立二者有什么关系呢？

3. 师生共同归纳：自立与自主的关系。【这是本课的落脚点，两个假设情景意在引导学生认识自我管理的重要性和必要性，并知道如何在学习和生活方面自我管理，引导学生将意识转化为实际实动，并脚踏实地地从身边的点滴小事去锻炼，从而最终达到提高自主能力的目的。】

4. 教师：知道了依赖的危害，懂得了自主自立的关系，我们同学也就有了自立的意识。当然，要培养自立能力仅仅知道一些理论和观点是不够的，更重要的是要掌握一些培养自立能力的方法？光说不练不行，纸上谈兵不行，心动不如行动。告别依赖，还要从行动上学习自立的本领。

四、明确目标，多实践、多锻炼

活动五：思考探究。

1. 多媒体展示：招聘会的故事。

2. 多媒体展示：小江的相关资料。

3. 提出问题：请问公司会录用他吗？

4. 学生思考、回答：……【通过同一场招聘会前后两个应聘者的故事，让学生在比较中进一步感受到自立对于个人成长的重要性。】

5. 教师：小江由于注重在生活中、在社会中反复实践、锻炼自己，自己的各方面能力都得到了很大提高，所以被公司录用了。要想培养自立能力就要大胆地投身社会实践。只有在社会生活中反复锻炼，不断实践，才能逐步提高自立能力。

6. 提出问题：我们中学生如何在有限的生活范围中培养自理自立能力呢？

活动六：比一比。

1. 将全班同学分组。

2. 从每组中选出一位同学代表，在规定的时间内比赛穿针钉纽扣。看谁的纽扣钉得又多又牢固。

3. 请几个参加活动的学生谈体会并对活动情况进行点评。

4. 教师：要想培养自立能力最基本的就是立足于自己当前生活、学习中的问题，从小事做起。【通过活动让学生懂得培养自立能力就要从身边的小事做起，立足于当前的学习生活，进而理解实践的重要性。】

四、归纳小结，提升认识

1. 这节课你在自立的问题上有哪些收获？

2. 说说你在生活中打算怎样做来提高自己的自立能力？【由学生自己组织语言来对本节课的学习进行一个总体概括，从而促进学生从内心上认同这些观点，进而能够主动地内化为自己的情感态度价值观，并融入到实践活动中去，有助于实现知情行的统一。】

3. 课外延伸：今天我当家。

请你在星期天为自己的家人做一顿可口的饭菜，并记录下整个做菜的过程，请父母给你写意见和评语。【根据教育回归生活以及课内知识向课后延伸的理念，通过让学生身边力所能及的小事，将知识进一步内化。】

版书设计

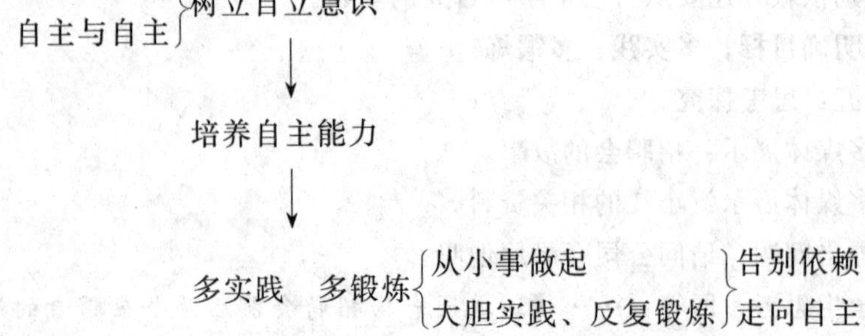

课后反思

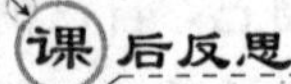

这节课，我贯彻了新课标的教学理念，运用了多种多样的教学方法：问卷调

查、创设情景讨论、辩论等，对学生以鼓励为主，启发他们主动思考，总的看来，在这节课上，学生表现积极，在思想深处对自立问题有了深刻的认识，较好的实现了本节课的教学目标，突破了教学难点。

在教学活动过程中，是我感受到，一堂精彩的课是教师与学生双边活动的结果。一堂精彩的课应该不拘泥于教材原有内容和体系的限制。特别是应该结合学生的学习、生活实际，选择生活中有趣味性、启发性、教育性的事例或活动，使课堂具有鲜明的生活、时代气息。课堂教学生活化，并合理使用情景教学法，所有案例来源于学生的生活，符合学生的年龄特点，调动不同特点的学生积极参与课堂教学和提高他们的学习积极性。

自己的不足：

1. 提问时，力求做到面向全体，但在实际操作时仍做得不够。

2. 对学生评价：在备课时，我已经做好了很多准备，但在真正面对学生的回答时评价不够灵活自如，总想着把对学生的评价往自己设计好的套路上去，没有抓住学生思维的智慧和火化，也失去了问题总结的机会。

3. 在我的课堂上有一些地方没有真正的放手给学生，总怕学生回答的不够完整，不够到位，总要再重复一遍，这样既浪费了课堂有效的教学时间，也显得多余和冗长。

人生难免有挫折

张安玲

教材分析

“人生难免有挫折”是人教版七年级思想品德教材（下册）第5课“让挫折丰富我们的人生”中的第一框内容。依据课程标准“成长中的我”中的“认识自我”：“客观分析挫折和逆境，寻找有效的应对方法，养成勇于克服困难和开拓进取的优良品质。”

本单元是上两个单元的逻辑发展，通过学习，学生渴望做一个自尊、自信、自立、自强的人，但是，当他们迈步去做的时候，挫折和困难是他们必须正确对待的问题。本框是为解决前两个单元，是为上册书中的行为实际问题而设计的，也为下单元的知识学习和行为实践做了有力的准备，具有承上启下的作用。同时本框题又是本单元的起始课，也是学习第二框“挫折面前也从容”的基础。学习本框题，对于提高学生的思想、心理素养，增强战胜挫折的能力，奠定科学人生观的基础，具有重要意义。

学情分析

1. 针对过分关爱造成学生的人格偏差。现在的学生大多是独生子女，他们在家庭中受到过多的关爱，在学习和生活中往往得到太多的帮助。所以遇到困难很容易产生情绪低落、行为退缩的不良人格。初中阶段是学生健全人格形成的重要时期，培养学生勇于面对困难，战胜挫折的坚强意志品质，是学生健全人格的重要组成部分。

2. 针对学生对挫折认识和态度上的偏差。在学生当中，对挫折有两种认识上的偏差。一种认为，挫折是伟大的人物和成功人士所遇到的困难，中学生的人生是平凡的，谈不上挫折；另一种认为，学习上的困难，生活中的挫折，谁要是遇上了，那就是倒霉而无奈的事情。针对这两种想法，需要对挫折的含义和产生的原因向学生作简单的介绍。通过相关的资料介绍和学生的活动引导学生明白，挫折是难免的，它与人生相伴相随；面对挫折，要用积极地态度战胜它。

设计理念

在活动中体验，在体验中感悟，在感悟中成长。

1. 新的课堂教学理念强调教学的本质是学生的学习活动。教师作为学生学习的领导者、组织者、促进者，应努力营造适合每位学习者的环境，把关注的焦点放在每个学生的认知活动和情感体验上面，有效地激发学生的学习兴趣，使学生在“聊中学”“想中学”“做中学”。

2. 新课程强调将正确的价值引导蕴涵在鲜活的生活主题之中，注重知识的整合与资源的开发，在学生逐步扩展的生活经验的基础上，鼓励学生在实际生活的矛盾冲突中积极探究和体验，通过道德践行促进思想品德的形成和发展。

教学目标

知识目标

了解挫折的含义，造成挫折的因素以及挫折与人生的关系。

能力目标

了解产生挫折的原因，初步形成辩证地、客观地看待问题的方法和抗挫折的能力。

情感态度价值观目标

形成积极向上的人生态度，初步形成自我调适和应对挫折的能力。

教学重点

挫折的含义及造成挫折的原因。

教学难点

树立积极对待挫折的态度。

教学流程及评析

一、创设情境，引入挫折

1. 多媒体投影：教师新年收到的手机短信祝福。

2. 提出问题：你在新年会给亲朋好友送去哪些祝福呢？

3. 学生思考、讨论：万事如意、一帆风顺……

4. 提出问题：同学们刚才所表达的祝福都能够实现吗？为什么？

5. 学生思考、讨论：不可能实现，或有些能实现，有些不能实现，会遇到困难和挫折……

6. 教师：虽然我们希望这些美好的愿望都能变成现实，然而，“万事如意”、“心想事成”这类的祝福都只不过是人们的良好愿望而已。人生是美好的，但人生历程又是不平坦的。正如古人所云：“人生不如意事十之八九”。在人们的生活中总会有些不顺心的事情发生。这就是我们今天要探究和学习的内容——人生难免有挫折。【通过学生生活中遇到的实际问题，导入新课。创设情境，激发学生的学习热情和兴趣。】

二、探究新知，分析挫折

活动一：感受挫折。

1. 多媒体播放视频片段：2011 感动中国断臂钢琴师刘伟的故事。

2. 提出问题：刘伟的成功是一帆风顺的吗？他遇到了哪些问题？他的心理反应是什么样的？最后他的愿望实现了吗？

3. 学生思考、回答：……

4. 提出问题：你能给挫折下个定义吗？

5. 学生思考、回答：人们所遇到的失利、失败和阻碍。

教师：人生的道路不会一帆风顺，难免会“碰钉子”。当命运的绳索无情地缚住双臂，当别人的目光叹息生命的悲哀，他没有消极、烦躁，依然固执地为梦想插上翅膀，用双脚在琴键上写下：相信自己。那变幻的旋律，正是他努力飞翔的轨迹。【通过对无臂钢琴师刘伟的事例进行归纳、分析，使学生形成对挫折的体会和感知，从而达到对挫折含义的理解。】

活动二：共享挫折。

1. 多媒体投影：霍金、贝多芬、张海迪、孔子等事例。

2. 提出问题：反思在你的成长过程中都遇到过哪些挫折呢？（生活、学习、兴趣爱好、游戏娱乐等方面）

3. 学生思考，将结果进行展示：

学生甲：昨天上思想品德课时，明明是同桌说话，但老师不分青红皂白把我批评了一顿，我感到非常气愤。

学生乙：上周月考，我的数学成绩没有及格，回家后爸爸打了我一顿，让我觉得非常伤心。

学生丙：班级竞选体育委员，我鼓起勇气报名，却以2票只差落选了，我感到受到了很大打击。

学生丁：……

教师：通过这些例子，我们会发现人们正是在不断地认识战胜挫折的过程中成长和发展起来的。【由学生身边的名人事例到学生自己在学习、生活中遇到小事，使学生明确挫折与人生相伴。既引导学生用心观察生活的习惯，也增强了学生面对挫折的勇气，同时锻炼了学生的表达能力。】

活动三：剖析挫折。

1. 将学生遇到的实际问题与教材P61～62内容结合。

2. 将全班分成四组，担当心理专家角色。

3. 活动探究：这些挫折是由什么原因造成的？

4. 学生归纳、回答：……

教师：通过上面对挫折产生的原因分析了，我们知道了人生不可避免地会遇到挫折，从古至今没有哪一个人能不经历挫折和失败，我们也正是在不断认识挫折、面对挫折、战胜挫折的过程中成长和发展起来的。可以说，挫折是人生道路上的正常现象，挫折是人生的一部分。【在教师的引导、帮助归类，板书，让学生懂得产生挫折的因素来自两个方面——自然因素、人为因素，达到突破难点的目的。】

活动四：面对挫折。

1. 请出三个学生表演短剧——考试得了60分。

学生甲：（垂头丧气）走进教室，“哎，我真是笨死了，又考了60分，看来

我不是读书的料，我决定了立即回家卖红薯”！

学生乙：（愤怒）“我决不能原谅自己的失误，从现在起我要好好学习了”，（10分钟后）禁不住同学的邀请，拿着篮球就出去了，（红光满面）“其实我也不错了张三才考了40分，我还比他高20分呢！以后再努力也不晚。”

学生丙：（冷静）“这次我考得特别不好，说明我最近的学习状态不好，我应该及时调整，我一定要好好学习，不气馁。”（随后无数个夜晚挑灯苦读）

2. 活动探究：为什么三名同学同样的挫折后表现却截然不同？

3. 思考、感悟：三种态度分别会产生哪三种结果？

4. 多媒体投影：鸡蛋、胡萝卜、咖啡的故事。

5. 教师：面对挫折，如果向挫折屈服找借口，推卸责任，终将会一事无成；挑战而不能坚持，这样的人意志不坚，缺乏恒心，最终放弃目标从而碌碌无为；只有勇敢地战胜挫折，有明确生活目标，不畏困难，力求进步最后才能成为生活中的成功者。【通过学生的角色表演，充分将知识内化，锻炼了学生的表达能力，同时也引导学生面对挫折时对人生态度这一问题的深入思考。】

活动五：名言赏析。

1. 多媒体投影：巴尔扎克名言。

2. 全班同学共同写一句话，用来激励自己。

3. 播放歌曲《水手》。【在歌声中创设、烘托氛围，激发学生面对挫折的斗志，鼓舞学生战胜挫折。】

三、归纳总结，正视挫折

提出问题：本节课你有哪些收获？

教师：在人生的道路上，也许我们总会面对两条路。一条是笔直的小路，一条是蜿蜒曲折的路径。在那条笔直的小路上，我只能一直向前走，无目的向前走，没有看风景的心情，没有新奇的氛围。或许我会选择那条蜿蜒曲折的小路，在这条充满神秘的路上，我可以从不同的角度欣赏不同的风景，将给我带来不同的感受。驻足细听，花草树木均匀的呼吸，带给我奇幻的境界。掺杂着挫折的人生就像蜿蜒曲折的小路，也许在半路遇见沟沟坎坎，但每一处风景都有惊喜发现。【对所学知识进行归纳、巩固，达到情感上的升华这一目的。】

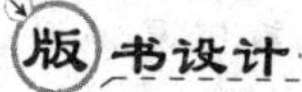

版书设计

人生难免有挫折

自然
人为 } 原因—挫折—态度 {
个人

挫折 ↓ 含义

{ 胆怯、懦弱→一事无成
意志不坚定→半途而废
意志坚强→取得成功

课后反思

“人生难免有挫折”是我上过的比较成功的一节课。在这节课的教学中，我本着“以教师为主导，学生为主体”的教学理念，使学生真正的参与到教学活动中，充分地调动学生学习的积极性，进而取得了良好的教学效果。

在教学过程中，基于这样的理念我通过围绕“挫折”这一主题，通过活动的形式，将挫折的含义、产生原因以及该如何应对这些知识点进行有效的穿插。学生在活动中能够积极参与并有效地将所学知识点内化，达到了高效课堂的教学目的。整节课的课堂气氛活跃，学生发言积极，收到了良好的效果。

走近法律

张安玲

教材分析

“走近法律”是人教版初中思想品德教材七年级（下册）第4单元第7课第1框题的内容。依据课程标准“成长中的我”部分：“知道法律是由国家制定，并由国家强制力保证实施的一种特殊行为规范”“懂得法律通过规定权利与义务规范人们的行为，通过解决纠纷和制裁违法犯罪，维护人们的合法权益”。“我与他人和集体关系”部分：“了解法律对未成年人生命和健康的特殊保护，学会运用法律保护自己和他人的生命和健康”“了解法律保护公民的人格尊严不受侵犯”。“我与国家和社会的关系”部分：“自觉遵守社会规则”“理解有法可依、有法必依、执法必严、违法必究的意义，能够自觉守法，维护社会秩序。”从教材的内容上看本课主要包括“社会生活离不开规则”、“法律是特殊的社会行为规范”和“生活离不开法律三个问题。”从教材的逻辑顺序来看，为学习“法不可违”一框内容奠定了知识基础，具有重要的作用。

学情分析

初中生处在人格成长的关键时期，由于青少年情绪不稳定，做事容易冲动，缺乏相应的法律观念。正处在青春期的学生，自我意识增强，开始有主见，但往往过激、偏面，缺乏对“规矩”、“法律”准确的心理定位。往往只看到其约束自己的一面，而较少认识“规矩”、“法律”对社会生活秩序正常运行的必要性，从而对其产生一定程度上的反感，抵触心态，不能自觉遵规守法。他们的法制观念和意识直接影响他们的以后的成长，如不受到相关法制教育，极易造成青少年违法犯罪行为的发生。

设计理念

以弘扬学生的主体性为宗旨，以激发学生法制观念为目的，积极引导学生进行探究式、主动式地学习。在整个学习过程中，注重学生自身感悟，内化学生心理品质，强化学生法制观念，促进青少年健康成长。

教学目标

知识目标

知道社会生活离不开规则，社会生活离不开法律，法律是一种特殊的行为规范。

能力目标

逐步形成自觉按照社会要求规范自己行为的能力；初步具有分辨是非的能力。

情感态度价值观目标

树立尊重规则、尊重法律的观念；做知法、守法、爱法的公民。

教学重点

社会生活离不开规则。

教学难点

法律与道德、纪律的区别与联系。

教学流程及评析

一、案例导入，初步感知法律

1. 多媒体投影：有一位父亲因为离婚把怨气发泄在了儿子身上，他经常打骂儿子，有时还不让孩子上学，可他却不知道自己的行为已经触犯了法律。还理直气壮地说："孩子是我的，我有权这样做。"

2. 提出问题：你是否赞同这位父亲的说法？为什么？

3. 学生思考、讨论：……

教师：在现实学生活中，一些人对法律的无知和法律观念的淡薄，导致了违法犯罪现象的发生。因此我们要自觉学法、守法、用法，维护法律的尊严，让我们一起走进法律。【通过典型案例分析，引发学生思考，激发学生的学习欲望。】

二、生活离不开法律

活动一：体会规则。

1. 请每位同学拿出一张纸。

2. 教师发出指令：请大家闭上眼睛，全过程不许问问题。把纸对折，再对折，再对折。把右上角撕下来，转 180 度，把左上角也撕下来。睁开眼睛，把纸打开。

3. 提出问题：看看大家撕出的图案是否一致？为什么会出现这样的结果？

4. 学生讨论、回答：……

5. 多媒体投影：1823 年，在英格兰一所大学的一场足球比赛中，一位队员突然做出了一个惊人的举动：他跳起来用手接住队友的传球，直奔对方球门，把球扔了进去。双方对这个进球是否有效争执不下，因为当时没有规则可依。后来，为了防止出现类似的问题，英国足协制定了“不许用手触球和持球跑动”的足球比赛规则，并成为全世界通用的规则，一直延续至今。

教师：的确，如果游戏没有了规则，最终也就没有了游戏，游戏因规则而存在。这个道理折射到我们人类的生活中，也是一样的，人类生活必须得有规则。【以游戏的形式激发学生的学习热情，让学生从游戏过程中去思考规则的重要性，初步感受“规则”。】

6. 多媒体投影：教材 P86 的两幅漫画图片。

7. 提出问题：请同学们观察图片并思考：①请把在图中所看到的用讲故事的形式讲出来？②这幅图说明了什么。

8. 学生思考、回答：……

教师：对，有了交通规则，人们如果不自觉遵守，道路一片混乱，要使交通秩序井然，不仅要有规矩，还得守规矩。社会生活也是如此，在社会生活中，如果人们各行其是，社会生活就会混乱不堪，就会陷入毫无秩序的彼此冲突之中。所以，社会生活中，我们必须有规矩，懂规矩，守规矩。【通过讲故事、描述图片的形式，让学生体会有规则、懂规则，守规则的重要性。此环节既锻炼了学生的表达能力，也提高了学生的分析能力。】

活动二：说说规则。

1. 多媒体投影：“我的一天”。

早晨上学穿校服，晚上回家要按时。 见了老师有礼貌，主动行礼来问好。 课上不让睡会觉，课下不让胡乱跑。 走廊不能高声叫，考场严禁打小抄。 食堂打饭要排队，拥挤插队不文明。 说话还要讲艺术，团结同学爱班级。 先上后下乘公交，走路还看红绿灯。 一旦触犯国之法，失足便酿千古恨。

2. 提出问题：你能将这些规则进行分类吗？这些规则有什么区别和共同点吗？

3. 教师：在生活中调节我们行为的规则有很多，包括道德、纪律规章和法律。如果没有了这些规则约束人们的行为，后果可想而知。【通过小诗的形式，将学生一天生活中感受的规则描绘出来，然后引导学生对规则进行归类。真实而又自然，容易激发学生的共鸣。】

活动三：“今日说法”。

1. 多媒体视频：《人民代表大会》。

2. 多媒体投影：中国足协受贿案。

3. 提出问题：你能说出法律与道德、规章相比最为显著的特征吗？

4. 学生思考、讨论：……

5. 教师：一是从法律的创制形式看，法律是由国家制定或认可；二是从法律的实施看，法律是靠国家强制力保证实施，具有强制性；三是从适用的范围或对象看，法律具有对全体社会成员具有普遍约束力。

6. 将全班同学分组，填写教材 P88 表格内容。小组展开竞赛，比一比哪组填写的既快又准确。【通过有效的教学资源整合，结合学生小组活动的形式，加深学生对规则三个方面的再理解，特别是进一步体现法律具有的三个显著特征。至此达到了突破本课重点的目的。】

活动四：法律规范。

1. 多媒体投影：为什么？

我为什么必须上学？

我为什么不能旷课、夜不归宿？

我为什么不能打架斗殴、辱骂他人？

我为什么不能偷阅他人的信件、日记？

我为什么不能强行向他人索要财物？

我为什么不能偷窃财物？

我为什么不能进入营业性歌舞厅？

2. 阅读教材 P89 相关链接。

3. 学生讨论、回答：……

4. 提出问题：想象一下，假如生活中没有法律会怎样？

教师：这些问题都是法律规定禁止做的事。假如没有这些规定，我们的生活将会难以想象。第一：从内容上看，法律通过规定权利和义务，规范人们的行为。第二：从作用上看，一方面告诉人们违法就会受到制裁；另一方面为人们的行为提供一个模式标准或方向。法律伴随我们一生，生活离不开法律。【列举学生身边的事例，易接受、理解，易产生共鸣，能够深切体会到生活中需要法律。】

活动四：法律保护我。

1. 连连看。

台独	《森林法》
杀人抢劫	《大气污染防治法》
乱砍滥伐	《治安管理处罚条例》
超标排放废气	《反分裂国家法》
上学路上被狗咬伤	《刑法》
父母不让我按时入学	《未成年人保护法》
小郑学习受干扰	《消费者权益保护法》
小叶买了劣质皮鞋	《劳动法》
小静五一期间加班	《环境噪声污染防治法》

2. 提出问题：连线题反映了法律具有什么作用？你从中受到了什么启发？

3. 学生思考、回答：……

4. 教师：法律保护作用表现在两个方面：一方面是国家生活的保障；另一方面法律是维护人们合法权益的保障。【连线题形象，直观。使枯燥的陈述内容，变得通俗起来。学生易接受，内化，避免说教，更具渗透力。】

三、归纳小结，提升认识

1. 学习“走进法律”一框之后，你有什么收获和感受？

教师：同学们，遵守法律，是现代公民的基本素养。现代社会是一个法制社会，法律就在生活中，生活中处处有法律。一个法盲将会在社会生活中到处碰壁，寸步难行，更谈不上成就 什么事业。所以，我们应该从我做起；从现在做起，积极行动起来，去关注法律、学习法律、践行法律，争做一名守法、用法、爱法、护法的合格公民。

2. 课后延伸：根据本课所学内容写一篇“法律伴我成长”的短文，字数在200字。【意在提升学生对规矩、法律的态度，情感。价值取向，进一步树立起遵规守法的观念。】

版书设计

走近法律

走近规则：
- 社会生活离不开规则
- 社会生活有很多规则

走近法律：
- 法律是特殊的行为规范
- 我们的生活离不开法律

→ 守法、用法、护法、爱法

课后反思

法律的相关内容是中考的重要考点。这节课的内容也是学生对法律的初步感知，是引导学生入门的重要一课。因此，在教学设计的过程中，我把引导学生了解、认知生活离不开规则作为教学重点。同时结合与学生密切联系的活动、案例为切入点，突破了生活离不开法律这一难点。整洁课的思路清晰，学生在思考、参与活动的过程中体会到法律的重要性，达到了预期的设计目标。但一节课下来，还是出现了一些小问题。比如，学生在做小游戏时，纪律有些混乱，对下一环节的进行耽误了时间。还有的学生参与的热情较高，但真正落实到知识点上稍显困难。基于这些小问题，需要进一步改进和强化，以期待更加完善。

法不可违

…………张安玲

教材分析

“法不可违”是人教版七年级（下册）第 4 单元第 7 课第 2 框题的内容。依据新课标第一部分“成长中的我”中“心中有法”部分：“了解违法与犯罪的区别，知道不良心理和行为可能发展为违法犯罪。”从教材的内容看，本课由“谁都不能违法”和“犯罪必受惩罚”两目组成，主要介绍了违法行为的类别、犯罪的基本特征以及我国刑罚的种类。从教材的逻辑结构上看，是对上一框“走进法律”内容上的进一步延伸，使学生通过相关法律特征的学习从行动上真正能够自觉守法。为下一课“防患于未然”的学习奠定了重要的知识基础。

学情分析

青少年是祖国的未来、民族的希望，是社会主义建设事业的接班人。青少年能否健康成长，关系到国家的存亡、民族的兴衰。进入七年级的学生，面临着生理和心理的巨变。这期间的学生，开始有主见，但往往有很片面，对“规矩”、“法律”产生反感，从而不能自觉遵守“规矩”、“法律”。当今社会，已步入信息社会，由于获得信息的渠道广泛，学生极易受到网络、电视的影响，通过模仿导致犯罪现象时有发生。同时，青少年法制观念淡薄，犯罪人数呈现逐年增多的趋势，并且有低龄化、团伙化、恶性化发展趋势。对于违法以及犯罪后的后果，缺乏承担责任的勇气和能力。因此让学生了解哪些行为是违法行为，使他们懂得什么行为是合法的，什么行为是违法犯罪的，懂得什么样的行为会带来什么样的法律后果以及相应地要受到怎样的法律制裁，从而养成遵纪守法的习惯。

教学目标

知识目标

知道违法行为的类别、犯罪的基本特征及刑罚的种类；了解反坐的为好，知道不良行为和严重不量行为可能发展成为违法犯罪。

能力目标

逐步形成分辨是非、辨别罪恶的能力。

情感态度价值观目标

感受法律的尊严，做守法的人；加强自身的修养，增强法制观念，防微杜渐。

教学重点

什么是违法行为及违法行为的分类。

教学难点

犯罪的三个基本特征。

设计理念

根据七年级学生身心发展的特点、学习水平及能力以及本框教材的特点，创设教学情境，让学生在活动中探究、在探究中体验、在体验中感悟。

课前准备

学生搜集相关违法案例。

教学流程及评析

一、案例导入，感受法律的尊严

1. 多媒体投影："我爸是李刚"事件。

2. 案例背景：2010年10月16日晚，一辆黑色大众迈腾轿车在河北大学校

区内撞倒两名女生，一死一伤，司机不但没有停车，反而继续去校内宿舍楼送女友。返回途中被学生和保安拦下，该肇事者不但没有关心伤者，甚至态度冷漠嚣张，高喊："有本事你们告去，我爸是李刚！"此事一出迅速成为网友和媒体热议的焦点，"我爸是李刚"语句也迅速成为网络最火的流行语。

3. 教师：后经证实了解，该男子名为李启铭，父亲李刚是保定市某公安分局副局长。此案经过审理，2011 年 1 月 30 日，河北保定李启铭交通肇事案一审宣判，李启铭被判 6 年。

李启铭（又名李一帆）之父李刚

4. 提出问题：会不会因为"我爸是李刚"，肇事者李启铭就免于处罚？这则案例给我们什么启示？

5. 学生思考、讨论：……

教师：法律是神圣不容侵犯的，违法了法律就一定要受到法律的制裁。那么，到底什么是违法行为？一旦违法将会出现什么样的情况呢？这节课，我们就共同来学习——法不可违。【从与学生生活紧密联系的典型案例入手，引入本课主题，激发学生对法律知识深入探讨的积极性，以饱满的热情进入本课的学习。】

二、活动探究，谁都不能违法

活动一：说一说。

1. 多媒体投影：教材 P91 小勤的故事。

2. 提出问题：一个要强的学生为什么会丢了大面子？这样的事情可以避免吗？

3. 学生思考、讨论：……

4. 教师：谁都不能违法，违法了就要承担相应责任。青少年增强法律意识，自觉守法，就可以避免上述事情的发生。法律是惩恶扬善的利器，但掌握运用这一武器需要我们学法、知法、懂法。【通过讨论，帮助学生理解不违法是人们行为的底线，认识到提高守法意识的重要性。】

活动二：演一演。

1. 学生表演教材 91 至 92 页中的三个情境。

2. 提出问题：三个情境中的主人公的行为对社会的危害轻重，其行为违反了什么法律？行为人自己落得了什么结果？

3. 学生分组讨论、思考：……

4. 教师：由此可见，凡不履行法律规定的义务，或者做出法律所禁止的行为，都是违法行为。这里所讲的法律，主要包括宪法、刑法、民法、行政法。根据违法行为所违反的法律，我们可以把违法行为大致分为：刑事违法行为、民事违法行为、行政违法行为。【通过学生表演，设置情景，使学生认识违法行为的分类，培养学生运用对比的方法分析的能力。】

5. 多媒体投影：请学生回答。

情景	对社会的危害程度	违反的法律	承担的法律责任	所属违法类别
一				
二				
三				

备选答案：A. 行政法　B. 民法　C. 刑法　D. 行政制裁　E. 民事责任　F. 刑事处罚　G. 行政违法　H. 民事违法　I. 刑事违法　J. 较轻　K. 较重　L. 严重：通过填写表格，我们可以看出：民法违法行为和行政违法行为的社会危害性较小，因而我们称它们为一般违法行为，称刑事违法行为为严重违法行为——即犯罪。

6. 学生列举搜集的案例，分析案例中的违法行为是哪种违法行为。

教师：通过共同探究，我们弄清了行政违法行为就是违反行政管理法规的行为，受行政处罚。民事违法行为就是违反民事法律法规的行为，承担民事责任。刑事违法行为就是违反刑法，受刑罚处罚。【通过填表以及搜集相关案例活动，使学生对本课重点更好地掌握并，锻炼了搜集、整理资料的能力，同时能与实际问题联系在一起，从而对自身的行为起到约束的作用。】

二、犯罪必受惩罚

活动三：想一想。

1. 阅读教材 P93、94 课文。

2. 多媒体视频：直击马加爵事件庭审现场。

3. 探究思考：马加爵的行为给社会带来了什么危害？他的行为违反了什么法律及所属违法行为的类别？马加爵的行为受到了什么处罚？马加爵的案例给了我们什么启示？

4. 请同学以小组为单位思考、讨论。

5. 小组代表在全班交流展示讨论结果。

教师：请同学们结合案例总结犯罪的特征。犯罪具有严重危害性、刑事违法性和刑罚当罚性三个特性，什么是刑法呢？刑罚就是刑法吗？【通过探究活动，是学生了解犯罪的三个基本特征，培养学生归纳总结的能力。】

活动四：辩一辩。

1. 探究问题：刑罚是不是刑法？请同学们结合教材谈谈对刑罚的理解。

生 1：刑法是以国家的名义规定什么行为是犯罪和对犯罪分子处以何种刑罚的法律。

生 2：刑罚又叫刑事处罚、刑事处分，是指人民法院对犯罪分子实行惩罚的一种强制方法。

生 3：刑罚的种类有：主刑是对犯罪分子的主要刑罚，包括管制、拘役、有期徒刑、无期徒刑、死刑五种。附加刑是补充主刑适用的刑罚方法，包括罚金、剥夺政治权利、没收财产。

生 4.：……

2. 探究问题：人民法院对马加爵的刑罚中哪些是主刑，哪些是附加刑。

生：主刑——无期徒刑，附加刑——剥夺政治权利终身。【刑法和刑罚学生容易发生混淆，通过探究提问的方式，直接引导学生在学习时应将二者区分开来。】

三、归纳总结，巩固新知

1. 这节课你有哪些收获？【学生总结、归纳，通过回顾本课内容，达到进行自我教育，增强法律意识的三维目标，同时也达到将知识巩固、内化的过程。】

2. 课后延伸：设计一份调查问卷，对社区违法犯罪现象进行调查，然后形成调查报告。【通过设计、填写调查问卷，使学生感受到生活中千万不能违法，与学生的实际生活相联系。】

教师：同学们，今天我们弄清了什么是违法，什么是犯罪，事实说明，违法与犯罪之间并没有不可逾越的鸿沟，有些人走向犯罪的深渊都是从一些小事开始的，俗话说："蝼蚁之穴，溃千里之堤"，我们青少年一定要学法、知法、守法，防微杜渐，做一个合格的公民。

版书设计

法不可违

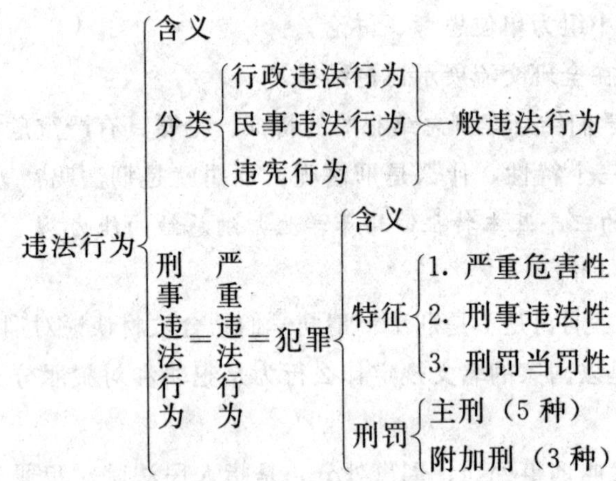

教学反思

1. 学生能积极参与教学活动，课堂氛围活跃，在活动中学生参与、合作、探究意识得到增强。

2. 从学生在课堂上参与活动的情况来看，基本上实现了三维目标。

3. 少部分学生对违法行为的区别于分类掌握不够好，需要通过练习进一步掌握。

4. 探究问题部分，对于好学生掌握比较好，部分基础差的学生没有按照教师的指导进行探究。此环节，应考虑通过具体的案例辨析，也许效果会更好一些。

附注：学生搜集的典型违法行为案例。

1. 王某与刘某因一件小事发生争执，王某一怒之下，把刘某打成重伤，被判处有期徒刑 5 年。

2. 李某在放学回家途中用弹弓把沿街路灯打破了四五盏，被公安机关处于 200 元罚款，并责令其赔偿经济损失。

3. 赵某与李某有矛盾，一天赵某家被盗了，赵某在没有任何证据的情况下逢人便说李某是强盗，后经公安机关调查，李某并没有实施偷盗行为，李某以赵某侵犯其名誉权为由向法院起诉，法院判处赵某向李某道歉，并赔偿精神损失费 1000 元。

两代人的对话

滕金花

教材分析

“两代人的对话”是人教版初中思想品德教材八年级（上册）第2课第2节内容。课程标准第三部分内容标准中“交往的品德”强调：正确认识父母对自己的关爱和教育。在“我与他人的关系”强调：学会与父母平等沟通，正确认识父母对自己的关爱和教育以及可能产生的矛盾，克服“逆反”心理。本课由引言和两框内容构成。第一框讲到亲子矛盾、父母对子女的高期待、严要求反映父母的爱和一片苦心，最后讲逆反心理及可能带来的危害，这是为讲与父母的沟通提供铺垫。第二框“两代人的对话”，侧重讲如何与家长交往。先讲如何与家长沟通商量，即沟通的程序和要领；进而讲与父母交往的艺术，自己应有的胸怀。

学情分析

社会的急剧变化、社会上的种种不良诱惑，家长对子女的高期待、严要求，学生面临的复杂环境、面对的竞争压力，使得学生的思想观念发生很大变化。处于青春期的学生，有其问题突发的特点，这不可避免地表现于家庭生活的亲子交往之中。初中生亲子之间的差异及学生的逆反心理，往往导致家庭中的矛盾和冲突。这既有处于青春期学生正常发育所带来的共性问题，也有每个学生面对的个性问题。家庭矛盾处理得好，学生会有一个良好的家庭环境，可以促进学生更快更好地进步；家庭关系处理得不好，会影响学生的健康发展，甚至酿成悲剧。因此，关注学生的家庭矛盾，帮助学生正确认识和处理家庭冲突，是十分必要的。学生在不断扩展的生活中，要学会与人交往，这是他们立足社会的基本功，而与父母的交往是学生练习交往的第一课堂。所以，针对学生面临的现实问题，安排了这一教育内容。

教学目标

知识目标

了解与父母沟通的意义、过程、要领、策略。

能力目标

形成与父母沟通商量的能力。

情感态度和价值观目标

形成为家庭付出的主动意识。

教学重难点

引导学生学会与父母进行沟通，彼此袒露内心世界，进而达到相互理解进行沟通的正确方法，并学习双赢的沟通策略。这既是本课的重点，也是本课的难点。

教学流程及评析

情景导人

最近，华华在自己的卧室门上挂上了“请勿打扰”的牌子，让妈妈百思不得其解：“是自己做错了什么？还是孩子已经独立到非要挂牌子的地步？”爸爸也难过地说：“自从挂了那块牌子，我觉得好好的家就像旅馆似的。”但华华却不以为然。

引导学生讨论：父母为什么为难过？你对此怎么看？如果是你遇到这种情况，你会怎么办？

辩论明理

借我慧眼——正确看待与父母的冲突。

活动内容：根据书上的两个观点“家不是说理的地方。俗话说得好，清官难断家务事”和“家是爱的港湾，因为家里的矛盾易产生、也易解决，关键看我们怎么对待”进行讨论。【引导学生正确认识家庭矛盾，因为夸大与父母的矛盾，会在处理家庭关系时有抵触情绪，妨碍沟通；看不到矛盾，会不在意解决与父母的矛盾，也不利于矛盾的解决和学生的进步。】

教师活动：先让学生发表自己的看法，然后由老师举个具体的例子设计教学情境，分析处理方法，接着让学生讲自己如何处理家庭矛盾，最终得出有必要、有办法解决家庭矛盾的结论。当学生的争辩僵持不下的时候，老师要注意引导学生异中见同；当学生争辩趋同的时候，老师要引导学生同中见异。这样有助于提高学生认识问题和解决问题的能力。

教学建议：在活动中，要注意渗透辨证的观点，要注意引导学生更深入地思考。比如清官难断家务事，可以引导学生分析：家务事通常属于什么性质？是不是每件事只有一个答案？不同的观点和行为分别有什么合理的地方？如果站在对方的立场上来理解和思考，你会不会一定坚持自己的主见？在各有利弊的情况下，尊重别人的选择会带来什么好处？在自己有理的情况下，应不应得理不让人？可以不同意别人的做法，要不要尊重别人的选择？又如说明家中矛盾容易解决，要引导学生分析其中的原因，从父母爱子女、体谅子女的困难、期待子女更好等角度，论证自己的观点。讨论和争辩的过程，是道德学习的过程，也是学生体验的过程，对于掌握与家人交往的方法和艺术、提高教育实效有重大作用。

（板书：亲近父母，跨越代沟）

情景选择

探究处理与父母冲突的步骤，了解协商的大致过程。

情景：小冰向爸爸提出晚饭后到同学家做作业，顺便看会儿录像。爸爸同意了，但要求她8点前回家。小冰想，现在已经快7点了，那么快就回来不合理！一时冒了火。结合教材中小冰的例子，小冰冒火的理由是什么？爸爸的理由是什么？你的协调办法是什么？让学生选择并说理由。A. 干脆不去同学家了；B. 按照家长的意思办，8点前到家；C. 先斩后奏，写完作业、看完录像再回来。你还有什么好办法吗？

教师活动：指导学生开展这一活动，第一步可以引导学生思考处理这一问题的各种可能，并分析其利弊。比如：不到同学家做作业、看录像了，会导致对同学失信，自己也不满意，由此还会迁怒于家长；按家长的要求做，这保证了安全和休息，可未必有时间看录像，自己和同学都不能尽兴；不理家长的要求，写完作业、看完录像再回来，这会让家长担心、着急，说不定到现场亲自捉拿；与家长协商，双方都做些让步，可能双方都满意。第二步在分析各种可能、权衡各种利弊后，不同的学生会有不同的方法，这时可以对这些具体方法进行再剖析，在比较中选择最优方案。第三步，让学生把思考和解决这一问题的过程梳理一下，上升到一般方法论的高度，即引导学生善于与家长沟通，向本框教育目标靠拢。

教学建议：在活动中，要注意尊重学生的分析和选择，不应该预定某种解决问题的模式；鼓励学生大胆设想方案，分析利弊，正确选择；老师要有足够的准备，应对学生讨论中的难以预料的情况。当老师遇到没有把握回答或者难以驾驭的问题时，可以在鼓励学生的同时，将问题留待课下探究。你还有什么好办法吗？——善于与家长沟通。

（板书：学会遇事与父母沟通商量。）

常言道："快乐与别人共享，快乐可以增加一倍；痛苦与别人分担，痛苦可以减少一半"，其实说的就是沟通的重要性。那么，如何与家长沟通呢？其中最冷静的办法就是找到分歧的症结所在，寻找解决问题可能涉及的多种方式；最有效的办法就是"换位思考"，多从对方的角度出发看待问题。在交流和沟通的过程中寻找"共同语言"。另外，沟通中还要懂得并善于"妥协"，退一步海阔天空！

名人名言：我们的任务是过河，但是没有桥或没有船就不能过。不解决桥或船的问题，过河就是一句空话。——毛泽东。

相关链接：了解处理家庭冲突六步法 第一步：明确冲突是什么？第二步：进一步分析产生分歧的原因。第三步：找出解决这一问题可能涉及的各种方式。第四步：判断哪些解决方式是冲突一方不能接受的。第五步：确定一种双方都能接受的最佳方式。第六步：检验最终选择的解决问题的方式是否有效。

模拟表演

分析总结与父母打交道的要领。

活动内容：根据教材中小莉的例子模拟与家长沟通的过程。要求：一部分同学当“家长”，一部分同学当“小莉”，模拟表演小莉与家长商量的过程。

活动步骤：先表演，再总结要领，然后交流方法和体验，最后看相关链接。【活动侧重于探究处理冲突的步骤，这个活动侧重于让学生掌握与父母沟通的要领，不光有个步骤问题，更是情感交流的过程。沟通涉及的经验很多，核心是以爱的方式尊重父母，理解父母。】

教师行为：指导学生开展这一活动，首先要在课前让学生了解这一情景，并作出分工、准备。其次，在课堂上安排学生扮演。扮演中最好有不同版本，即有对的，有错的；有事先准备的，有临时生成的；有扮演者的表现，也可以有台下同学的表现。这样做才有比较、有可辨析的材料，供学生在真实的情景中学习道德，在辨析中作出正确的选择。再次，要注意归纳学生的经验，如交往中的主观动机、面部表情、行为动作、内心所想、沟通预期、基本态度、基本策略等，这有助于学生从不同侧面把握沟通的要领。最后要注意在学生中交流自己平时的经验和体会。因为这些包含着学生的经验，容易引起同龄人的共鸣，而且易于与新学内容共同构建适合学生自己的思维框架和知识框架。

教学建议：在活动前，老师应该多设想几种可能的沟通方式和结果，以便知道学生演示；活动中，要注意调动学生的积极性，引导不参与扮演的同学仔细观察，多作结论；活动后，要注意总结，从正反两个方面帮学生得出经验和教训；更重要的是，在教学的课后，让学生有意识地用这些有效有益的办法与家长沟通，将教育的成果落实到学生的行动上。

总结提升：有效沟通要掌握基本要领。其中，彼此了解是前提，尊重理解是关键。理解父母的有效方法是换位思考，沟通的结果要求同存异。

（板书：把握沟通的要领。彼此了解是前提，尊重理解是关键。理解父母的有效方法是换位思考，沟通的结果要求同存异。）

实话实说

交往的艺术。

（板书：交往的艺术。）

1. 阅读分析：毛毛的故事。共三个题目。（见教材 P26）

（1）第一问得出：交往的三个艺术：赞赏父母，认真聆听，帮助父母。

板书：赞赏父母，认真聆听，帮助父母。

（2）第二问得出：与家长交往的核心是爱的奉献。

（3）第三问，先分析下面材料再发言后总结：

材料：母亲在数落儿子，儿子一边看书一边聆听教诲。忽然儿子问母亲：“妈妈，一本内容枯燥冗长的书和说话啰唆有什么区别?”母亲不假思索地回答：“你可以把书丢一边，可是却无法叫啰唆的人闭嘴。”说完，母亲突然恍然大悟。“啊！你是在嫌我啰唆呀!”母子俩都笑了。儿子用幽默的方法不仅提醒了习惯唠叨的母亲，而且自然地避免了母子之间的冲突。请出几个类似的金点子。

教师行为：在引导的时候，重点应提示学生“策略”内容并不重要，而且因人而异；重要的是当我们面对问题的时候，要学习思考什么是双赢的策略？要尽量避免“不满——冲突——冷战”这样的应对模式。

教学建议：要提示学生，没有标准答案，每个人的处境不一样，价值观取向不一样，对一个人是好的选择，对另一个人未必是好的。当没有“最好”即没有双赢时，要选择“更好”。

教师提示，学生齐读：与父母交往三字经。

2. 阅读感悟：材料。（见教材 P27 相关链接）

交往的艺术：家庭交往要宽容，别太计较。

（板书：宽容不计较）

我思我想

练习巩固。

寓言故事：一把坚实的大锁挂在大门上，一根铁杆费了九牛二虎之力，还是无法将它撬开。钥匙来了，他瘦小的身子钻进锁孔，只轻轻一转，大锁就“啪”地一声打开了。铁杆奇怪地问：“为什么我费了那么大力气也打不开，而你却轻而易举就把它打开了？”钥匙说：“因为我最了解他的心。”

设问：寓言给了我们什么启示？

网络上的人际交往

……………………滕金花

教材分析

本课是人教版思想品德八年级（上册）第 6 课第 1 框题中的内容。网络的便捷性、高效性正在逐步改变人们的生产、生活、学习和娱乐方式。对于中学生来说，尽快掌握这一先进高效的沟通工具，可以培养自己乐于交往、善于交往的能力，同时还可以培养世界眼光，提高收集信息的能力。网络世界虽然是虚拟世界，但使用者是现实生活中的成员，为此，网络交往要遵守道德和法律，创造一个适合人们交流与沟通的环境。

学情分析

随着互联网的发展与普及，越来越多的中学生成为新的网民。无论在城市还是在农村，互联网对中学生的吸引都是强烈的。其中，部分学生不能正确处理网下生活与网络生活的区别，把过多的时间花费在网络上；而目前互联网上的信息良莠不齐，缺乏自制力的中学生由于心理生理的不成熟导致各种违纪违法现象频繁发生，造成很多家庭和社会问题。学校教育必须关注到这一问题。

沉溺于网络的垃圾信息、网络游戏、网络聊天乃至网恋的中学生，在现实的生活中都有不同程度的心理问题，或缺少关爱，或缺少朋友，或缺少成就感。现实生活对他们而言，是失意或失败的，是痛苦与烦恼的。这类学生容易沉溺网络，寻找寄托和慰藉。对此，必须加强思想品德教育。

一方面，网络环境不干净，学生没有一定的自制力，很容易迷失自己；另一方面，处于各种情感饥渴状态的学生不少，他们一旦上网，容易陷进去不能自拔。因此，针对学生的现实成长问题，教材设计了这一课。

设计理念

新课程改革强调以人为本，淡化学科体系，注重学生的感受、经验、体验、实践、学习、升华的过程，倡导探究性学习，注重培养学生的创新实践能力。因此，教师运用多元智能理论，学会“用教材教”，既立足于教材，又要深刻挖掘教材的内容，充分利用课内外资源帮助学生进行思想品德的学习，重视学生的参与和思考；注重教学与学生生活经验和社会实践的联系。营造教师与学生共同学习、共同探讨、共同发展的课堂教学。

教学目标

知识与目标

了解网络交往的一般特点和注意事项，能够正确使用网络，使之为学习和生活服务。

能力目标

认识网络双重性，能够发挥网络交往优势并避免网络交往的负面影响。

情感态度价值观目标

形成对网络的向往与探索的兴趣，合理的利用使用网络资源。恰当运用网络交往。

教学重难点

通过分析网络的负面作用，能够正确使用网络，使之为学习和生活服务。

教学流程及评析

一、情境导入

播放MV《QQ爱》。

欣赏歌曲，感悟上网经历，学生参与，学生畅谈自己上网经历的故事。

二、现场采访

寻找 QQ 高手：

1. 你有 QQ 吗？

2. QQ 几级？

3. QQ 好友多少？

4. QQ 好友类型多少？

QQ 好友所在地分布？（QQ 信息显示的内容为依据）

三、讲 QQ 高手故事

两手准备：

一是请 QQ 高手学生讲述自己的上网经历故事。故事内容包含：①最高兴、得意的事；②最失败的事；③最愤怒的事。

二是教师准备好自己的故事。教师在倾听的同时，点拨、引导，适时抛出自己的故事。

四、辩论擂台

学生自主分为人数相等的正、反方两组展开辩论赛。

请同学们结合刚才的“QQ 高手们的故事”，再次感受《QQ 爱》歌词，思考、争论：网络交往，究竟是利大于弊，还是弊大于利？

教师准备网络交往利与弊两方面的多媒体素材库，以备学生“冷场”或争执不下时“救场”使用。

学生在教师引导下，依托教材 P67～71 以及自身的经历，精心准备 5 分钟。

辩论每一回合结束后，都积极互动，允许学生随时改变主意，拥护正方或反方。

辩论正、反方胜负判断标准是：辩论结束时，哪一方人数多为胜方！

五、总结升华

多媒体展示：

本课时的知识提要，点评本课时学生表现，并赠送小小书签等学习用具作为奖品。

师生共同评选出（本课时）：最有价值的人；最佳表达的人；最佳风度的人；最佳创意的人。

设计意图

热点共鸣：激趣启思，营造氛围，面向全体，以人为本，循序渐进，师生互动，对话故事，深入浅出。

感悟提升：网络沟通无极限。

①网络生活很丰富。

②网络交往新空间，全面仿真，不愤不悱，任务驱动，超越知识，学会学习，学会合作，学会竞争；梳理知识，形成网络；及时巩固，融会贯通；应用

“南风效应”、“鲶鱼效应”，让学生身心健康成长。

教学小结与反思

多层面展示了“以学定教”，开发学生的社会生活经验资源，让学生在探究新知的特定情境中，直面困惑，师生平等对话、参与、理解、反思、修正、分享、体验、提升。

哈佛大学校长陆登庭在北大讲坛上讲：“在迈向新世纪的过程中，一种最好的教育就是有利于人们具有创新性，使人们变得更善于思考，更有追求的理想和洞察力，成为更完善、更成功的人。”

更为突出的是，灵活使用多媒体手段，课堂信息量大、素材库因材施教，超越教材文本，突显教师个性化的理解、感悟！

更加可贵的是，尝试综合多学科知识，纵横捭阖、培养了学生科学的辩证思维能力。

从众与自主

……………………滕金花

教材分析

“从众与自主”是初中思想品德八年级（上册）第3单元6课第1框的内容。课标依据：正确认识从众心理和好奇心，发展独立思考和自我控制能力，杜绝不良嗜好，养成良好行为习惯。

第六课“从众与自主”从学生学习生活中常见的从众现象着手分析，用层层递进的逻辑方法对学生生活中的典型心理特征进行了细致的分析。引导学生独立思考、明辨是非，自觉抵制压力和诱惑，克服消极的从众现象，学会自主选择，发展独立思考和自我控制能力。

学情分析

中学阶段是青少年从依赖走向自主的过渡时期，也是充满矛盾的时期。一方面，他们希望有自己的主意，自己可以做主决定事情，另一方面，他们又缺乏独立性，容易从众，尤其危险的是他们不知道如何去抵制不良的诱惑和负面的团体压力（青少年的犯罪以团体性为特征就是从众的表现）。同时青少年处于“心理断乳”期，他们开始挑战父母的权威，又没有树立起新的权威，因而很容易盲目追星。有的学生甚至因为迷恋偶像，严重影响正常的学习和生活，影响身心健康，这是我们不能回避而且必须帮助青少年解决的问题。

教学目标

1. 能分辨是非善恶，避免盲目从众，增强责任意识，学会对自己的学习负责。

2. 正确认识从众心理和好奇心，具有独立思考和自我控制能力，学会自主选择。

3. 了解盲目从众产生的原因，知道避免盲目从众的方法和途径。

教学重点

走向自主。青春期的中学生开始向往和追求独立自主；交往重心开始由父母、师长转向同学和朋友，会面临合群中的盲从、独立与自主，因此如何确立自我、做到真正的自主而不盲从是八年级学生迫切要解决的重要问题。

教学难点

从众的两面性。从一般意义上来讲，从众是消极的，但在一定情况下，有的从众行为也有积极的作用，即从众的两重性。对于八年级学生来讲要辩证地认识和分析这一问题，并且做出正确的选择，有一定的难度。

教学方法与媒体

创设情境，启发引导，自主探究、小组合作。采用这样的教学方法，可以调动学生学习的主动性和积极性，提高课堂效率，在一定程度上促进了学生间和师生间良好的人际合作关系。

本课时使用课件进行辅助教学。多媒体课件展示图片、故事等制作多媒体课件，帮助学生正确认识从众心理和好奇心，提高和发展独立思考和自我控制能力，学会自主选择。

教学流程及评析

第一课时　剖析从众

欣赏笑话导入

一个人鼻子出血了，在江桥上停下来，头往上仰，想控制住血流。从他身边路过的一个人停下来，也顺着他看的方向把头仰起，又一个人停下来，没问二人看什么，也摆出了同样的姿势，很快有一堆人站在那里，这时候有个人问：“你们在看什么呀，我怎么什么也没看见呢?”第一个人说话了：“鼻子出血了，控控。”大家听了，一哄而散。

设问：从笑话中看出了什么社会现象?

探究过程：学生通过自主探究认识到这是一种随大溜的现象。

教师引导：这种现象也叫做从众心理。这就是我们今天要学习的内容。【让学生初步感受从众现象，从而导入课题。】

新课讲解，研讨展示

环节一：从众种种。

屏幕展示案例：

1. 我看到别人怎么讲，自己就跟着怎么讲。有几次我看出有点不对头，但别人都这么说了，我也就跟着这么说。

2. 有一个站在桥上很认真地往下看，其他的人也开始往下看，虽然大家都不知道在看什么，但是看的人越来越多。

思考：从以上的这些现象可以说明什么是从众现象？

探究过程：学生通过“人云亦云”和“随大溜”两个小故事知道从众的意思。

教师：从众，字如其面，就是别人怎么说，自己就怎么说，别人怎么做，自己就怎么做。那么从众在我们生活中是普遍存在的现象吗？在学习和日常生活中还有哪些从众现象？

课堂活动：寻找从众。

学生根据对从众的理解，寻找自己身边的从众现象。【通过学生的交流使学生明白在学习习惯、业余爱好、消费方式和生活习惯等方面，从众现象随处可见。】

教师：现在我们知道了什么是从众，那么大家看看，从从众的含义中可以看出从众现象分为哪几类？

学生：

探究过程：从众现象主要表现为两种：心理从众与行为从众。

教师引导：从众现象在我们的生活中比比皆是，它对我们有什么影响呢？

环节二：剖析从众是与非。

思考：你同意他们之中谁的看法，为什么？

教师引导发表看法。

教师：我们不能绝对地看待从众，只能辩证地看待从众，有些是好的，而有些是错的：根据以下的情境，说说“从众”有什么作用？哪些作用是积极的？哪些作用是消极的？

1. 考试前，很多同学在教室里紧张地复习功课。小钟在进教室前还和同学说说笑笑，一进教室马上不笑了，并且悄悄地回到座位上，开始复习功课。

2. 周末大扫除，两位同学扫完地后，将扫把从远处扔向卫生角，劳动委员看见后，默默地将扫把摆放整齐。两位同学看见后，羞愧地低下了头，在以后的劳动中将劳动工具整齐归位。

探究过程：学生通过自主探究认识到从众具有两重性，既有积极作用，又有消极影响，在某种场合或条件下，有些从众心理、从众行为有一定的积极意义。有的从众有利于个人识大体、顾大局，保证团队成员统一认识和行动，增强团体的凝聚力和战斗力；有利于个体获得安全感和自信心；有助于学习他们的经验，扩大视野，修正自己的思维方式，减少不必要的烦恼和误会等。

1. 危险的“英雄”崇拜。

新疆发生了一起抢劫杀人案，4 名犯罪嫌疑人均为中学生，最小的仅 13 岁，最大的也只有 16 岁。当民警问他们为什么去杀人时，他们“轻松地”答道：“为了好玩，想模仿电视里那些杀人的‘英雄’”。民警又问：“你们不知道这是犯法吗?”“知道”“知道还去做犯法的事?”“电视里那么多‘英雄’杀了人，也不犯法，我们学他又怎么样?”危险的“英雄”崇拜使这 4 位少年走上了歧路。

2. 街道上，因为一件小事，有两个人发生了争吵，越来越多的人围观看热闹，导致交通堵塞。

3. 几个男同学在校园的厕所里偷偷抽烟，李同学看见了，这几个同学威胁他不准说出去，并且拉他一起抽烟。晚上，李同学看见了客厅的桌子上有烟，就偷偷地拿了一支点上了，被他爸爸发现，他吓坏了。

4. 课间，几个男同学讨论电脑游戏，很热闹。小李本来不玩电脑的，但是他们天天都在讨论各种新的游戏。为了和大家有共同的话题，小李也开始玩电脑了，却一发而不可收拾，整天沉迷其中。他和大家有了共同的话题，但是学习成绩却一落千丈了。

设计意图

通过生生合作导出从众的积极作用和消极作用。

探究过程：学生通过自主探究认识到从众具有两重性，既有积极影响，也有消极影响，有的从众有利于个人识大体、顾全局，保证团队成员统一认识和行动，增强团体的凝聚力和战斗力；有利于个体获得安全感和自信心；有助于学习他人的经验，扩大视野，修正自己的思维方式，减少不必要的烦恼和误会等。盲目从众会弱化自我意识，束缚独立思考，抑制开放、竞争、开拓和进取的意识，阻碍独立性的培养，窒息个性的发展，扼杀创新精神和创造力等。盲目从众不仅会阻碍个人的发展，也会影响到集体的事业。违法犯罪行为也多是从盲目从众开始的。

【巩固应用，情感升华】

活动：实话实说。

1. 星期天，几个同学约你去网吧，这时你会……

2. 在班级工作中，有时班干部的意见明明有问题，但很多人赞成。这时你会……

3. 大家一起讨论问题，你的观点与大多数人不同，但是正确的，这时你会……

4. 课堂上老师的解题方法出现了错误，同学们都没有提出不同意见，这时你会……

教师总结：从众是一种常见的现象，从众是一把双刃剑，既有积极意义，又有消极影响。在生活中我们要发扬从众的积极影响，避免消极的一面，做一个遵纪守法的好公民，这样，我们的社会将变得更加和谐美好。

第二课时　走向自主

创设情境，引入课题

活动：“请你来评判”。

1. 看到别人随地吐口香糖，小蔡也这样做。

2. 看到别人上公交车时拥挤，小张也这样做。

3. 下课，看到同学们在楼梯上拥挤，小刘也这样做。

4. 看到别人抄作业，小李也这样做。

提出问题：这些同学的行为是什么行为？

探究过程：学生会根据前面所学知识回答是盲目从众。

老师继续提问：这些行为有什么危害？

教师引导：我们应避免盲目从众，走向自主。自然引出课题。

新课讲解，研讨展示

环节一：分析原因——了解导致从众的因素。

课件展示：故事一

1976 年出生的李强是独生子女。上初中时，班里的男生都喜欢打电子游戏，李强为了能和大家有共同语言，也沉迷其中，因此学习成绩不理想。初中毕业后，他只考上了一所中专，这引起了父亲的思考。1996 年，在李强中专毕业前一个月，身为天津社会科学院教授的李父决定与儿子签订一份“亲子双向自立协议”。这个协议规定：父亲不用管儿子，儿子也不用养老子。“协议”中李强承担的责任包括：自己承担高等教育的经费；自己谋业，自己创业；自己结婚成家；自己培育子女。爸爸妈妈承担的责任是：自己储蓄养老费和医疗费；日常生活自我料理；自己丰富精神文化生活。

探讨：**1.** 李强跟随同学打游戏的行为是什么行为？

2. 根据材料分析李强产生这种行为的原因是什么？

探究过程：**1.** 学生探究认识到李强的行为是盲目从众行为。

2. 教师引导：李强只看到打游戏可以拉近与同学的距离，但是没有看到打游戏的危害，大家想想玩游戏有哪些危害？

根据学生的回答（影响健康、影响学习，是一种错误的行为）引导学生得出盲从的第一个原因——缺乏独立思考和明辨别是非的能力。

提醒学生注意看此材料提到“班里的男生都喜欢打电子游戏，李强为了能和大家有共同语言，自然也沉迷其中”，这样总结出产生盲目从众的第二个原因——社会群体的压力和影响。

李强抵制不住社会群体的压力和影响说明了李强在某一方面有所欠缺，大家想想是哪一方面？

学生：抵制外界不良影响的能力。

老师：正是缺乏抵制外部不良影响的能力。这样总结出产生盲目从众的第三个原因——缺乏抵御非正式团体和外部不良影响的能力。最后老师点拨青少年的特点：知识少、阅历浅、经验少、依赖性较强、自信心不足，这些也决定了青少年易产生盲目从众。

知道了盲从的原因之后，那我们如何来避免和克服盲从呢？

环节二：解惑——克服消极从众的措施。

还用李强的例子。

设问：李强的学习成绩为什么会一落千丈？

探究过程：学生通过自主探究认识到李强的学习成绩下滑的原因就是缺乏独立思考和明辨是非的能力。

教师设问：这给我们什么启示？

探究过程：学生通过探究认识到要避免盲目从众，就要独立思考、明辨是非。努力学习知识，积累经验，锻炼能力，特别要注意培养独立思考、自主判断、明辨是非的能力。

媒体展示：教你一招：对人对事，我们可以这样分析和判断：

1. 有时候，别人的意见和行为不一定正确。

2. 有时候，多数人的行为和意见也不一定正确，真理有时候掌握在少数人手中。

3. 对任何现象都要问一问为什么，对不对。

4. 做任何决定之前都要想一想会有什么后果、自己能否承担其后果。

老师点拨：用自己的头脑思考问题，对人对事有自己的分析和判断。既不轻信他人的暗示和影响，又要慎重考虑他人的意见和建议，既不迷信和盲从他人，也不固执己见。

多媒体展示：故事二

几个朋友找小张，告诉他一个朋友被外校一个姓王的学生打了，哥几个准备为他报仇，要求小张一块去揍姓王的同学。

请你设计小张的选择，并说明他为什么这样做？

探究过程：学生通过自主合作探究认识到第一种选择：小张有可能去。老师问为什么？学生有可能回答：朋友有难处，应该帮忙。老师问其他同学：这种想法对不对？学生会结合前面所学善交益友要区别真正的友谊与“江湖义气”或“哥们义气”回答这是不对的行为。老师应及时给予肯定和表扬。第二种选择：小张不去。老师问为什么？学生有可能从以下几个角度回答：怕老师知道，挨批；怕会有流血、受伤事件发生，给家长带来经济上的负担；怕给学校带来不良影响。老师借此表扬同学们做出这样的选择，是合理的、负责任的。这样，总结出避免盲目从众的途径——自主选择，勇于负责。全面地发展自我，特别是增强做出合理的、负责任的选择和行动的能力。

多媒体展示：

对行为负责：

1. 对他人和集体的正确意见、决定、行动要（　　　　　　）。

2. 对错误的舆论、决定和行动，学会（　　　　　　）。

3. 他人作恶（　　　　　　）。

4. 如果跟随同伴做错了事，要（　　　　　　）。

5. 在同伴即将或已经做错事的情况下，要（　　　　　　）。

【培养学生增强自主做出合理的、负责任的选择和行动的能力。】

多媒体展示：故事三

8 年级要到公园春游，同学们都很高兴。有一个同学提议，大家都在校服里面穿上自己漂亮的衣服，到了公园后就把校服脱掉。这个提议得到了很多人的响应，小明还说："大家都要一致行动，穿校服就是叛徒。"小沈感到很为难，因为他就想穿校服春游。

探讨：小沈会怎么做？假如你是小沈，你会怎么做？

探究过程：学生通过自主探究认识到小沈可能迫于压力会穿自己的衣服；也可能会坚持自己的主见，穿校服。

老师设问：第二种可能对不对？为什么？

探究过程：学生通过自主探究认识到第二种可能对，因为要避免盲目从众还应该做到"慎独"，要做到心中有原则。这样，才能根据自己的思考和意愿行动，而不是轻信他人；自觉抵制不合理的压力，抵制外部的不良影响，自主地做出正确并坚持正确的选择。

师生达成共识：增强抵挡团体不合理压力的能力，学会抵制外部不良的诱惑，是青少年避免盲目从众的重要措施。

老师归纳：此外，我们还要做到心中有原则，我们就能够根据自己的思考和意愿行动，而不轻信他人。如果能够自觉抵制来自多数人的不合理的压力，抵制不良影响，自主地做出并坚持正确选择，那么，盲目从众地现象就会从我们身上消失。

课堂小结

老师进行归纳提升：通过学习，我们懂得了导致从众的原因各种各样。我们要克服消极从众，避免盲目从众，走向自主。做到这一点需要我们持之发恒的努力。只要同学们有决心、有毅力，就一定能让消极从众现象从我们的身上消失。

教学反思

通过学习从众与自主，让学生了解从众的分类双重作用，明白盲目从众的三条原因以及解决方法，提高学生在现实生活中独立自主和明辨是非的能力，帮助他们做出正确的选择，摒弃盲目从众，做优秀的自己。

珍惜学习机会

陈 卓

教材分析

“珍惜学习机会”是人教版《思想品德》八年级（下册）第3单元第6课第2框。本框依据课程标准的相应部分是“我与他人的关系”中的“权利与义务”部分。该部分的内容标准是：“知道公民有受教育的权利和义务，学会运用法律维护自己受教育的权利，自觉履行受教育的义务。”

具体而言，本课是在学习前一课教育的作用以及受教育权和义务的基础知识前提下的又一次升华和延伸，是对受教育权的依法维护和受教育义务的自觉履行。因此，在整个思想品德课的教育教学过程中，都应让学生感受到受教育的重要性，以及受教育权和受教育义务的相统一，在思想上让学生明白知识改变命运的深刻内涵，从而提高学生对教育的认识，明确无论从个人而言还是从国家而言，受教育既是我们的权利又是我们的义务。

学情分析

1. 初中生的人生观、价值观、世界观还处在不断形成和完善过程中，许多学生对享受教育权和履行受教育义务的认识还很茫然，很肤浅，最终造成对受教育权的无所谓，而且在自己的受教育权受到不法侵害的时候也是无动于衷的。因此，在这个时候对学生进行受教育权和受教育义务的教育是至关重要的。这样不但可以提升他们对教育本身的认识，而且也可以增强他们对权利和义务的认识，从而培养学生的学习兴趣，树立学生新的学习意识和观念。

2. 国家、社会和家庭为学生接受义务教育创造了条件，学生则要履行受教育义务。而在初中生中存在一些不完全履行受教育义务的现象，如有的初中生动辄迟到早退，甚至逃避作业、逃学。因此应该帮助学生明确受教育不仅是权利，也是义务。让学生认识到自觉履行受教育的义务，既对个人成长和家庭有利，也对国家和社会有利。

设计理念

坚持“还课堂于学生”的教学理念，立足于学生的“学”，在开放性教学中，结合学生的个人知识、直接经验和真实体验，构建“自主——探究——合作”的学习模式。在教学中，积极引导学生自主学习，主动探索社会现实与自我成长的问题，通过表演、调查、讨论、访谈等活动，在合作和分享中丰富、扩展自己的经验，不断激发学习的愿望，提升自我成长的能力。

教学目标

知识目标

知道受教育既是法律赋予公民的权利，也是公民必须履行的义务。了解受教育的权利、义务的法律依据，懂得采取各种合法方式保护自己的权利，明确履行受教育义务的主要内容。

能力目标

具有依法维护自己受教育权利的能力。

情感态度与价值观目标

形成终身学习，为国家的发展而学习的观念。

教学重难点

教学重点

维护受教育权的方式，如何履行受教育的义务，如何珍惜学习机会等。

教学难点

受教育既是公民的权利也是公民的义务。

课前准备

教师：认真钻研教材，分析教材，备写适合学生发展的教案，搜集大量的与学生生活实际相贴近的案例，利用多媒体进行直观教学。

学生：提前预习课文内容，搜集现实生活中的珍惜学习机会的典型事例。

课时安排：1课时。

教学流程及评析

导入新课

（一）复习提问巩固上节课内容

1. 教育对个人的作用是什么？

2. 我国实施义务教育的法律保障是什么？

3. 义务教育的显著特征是什么？

（二）创设情境，导入新课

播放影片《一个都不能少》片段，导入新课——珍惜学习机会。

（三）学习新课

1. 维护受教育权利。

小品导入（学生表演）：

爸爸对梅梅说："从明天开始你就不要上学了，你早晚要出嫁，我供你上学是赔钱！"

小梅对爸爸说："我要上学。"

教师提问：

（1）假如你是小梅，你打算采用什么方式维护自己的受教育权？

（2）学生结合身边实际举例，现实生活中存在的侵犯中学生受教育权的行为有哪些？

（教师引导学生联系教材七年级下册第八课中的相关知识简要说明运用非诉讼方式和诉讼方式维护自己的受教育权。）

学生回答：略。【通过设计紧扣主题的小品表演，旨在让学生在做本节课准备的同时，走出瞬间盲区，进入愉悦的情绪状态，为教学过程创造良好的情之开端。】

教师总结：受教育是法律赋予我们的基本权利，是我们成长和发展的基础。但是，在现实生活中，由于各种原因，侵犯我们受教育权的行为时有发生。当我们的受教育权被他人剥夺或受到侵犯时，我们可以采取非诉讼的方式或诉讼的方式予以维护。

出示材料：结合教材第 63 页所给材料，提出的一个以学生群体为单位受教育权被侵犯的案例：

讨论：假如你是该校的一名学生，应该怎么办？假如你是该校的校长，应该怎么办？【场景设置，引起学生对该种情况的关注，提高学生分析问题和解决现实问题的能力。】

（过渡）我国法律保护公民享有的受教育权，我们怎样履行受教育的义务呢？

学生阅读教材 63 页三个材料，思考：从上述材料中感悟到了什么？学生回答：（略）

教师总结：在我们这个不发达的大国办教育、普及义务教育很不容易，父母辛勤劳动供子女读书也不容易。为了自己的发展，更为了国家的富强、社会的进步，我们一定要珍惜受教育的权利，履行受教育的义务，为中华民族的腾飞而努力学习。【通过对这组问题的深入思考，增强学生热爱学习的意识，并且让学生在思考中获取知识，提高认识，常怀感恩之心。】

材料展示：教材64页小刚的故事，讨论：（1）小刚拒绝辍学，对自己、家庭、社会有什么好处？（2）如果小刚中途辍学，是否合法？小刚及家长要承担什么责任？

学生回答：（略）

教师总结：小刚拒绝辍学无论对个人和家庭以及社会的短期利益还是长远利益都是有好处的，受教育不仅是公民的权利，也是公民必须履行的义务。不完成义务教育是违法的，为此学生及家长都应承担一定的法律责任。【现实生活中，侵害学生受教育权的行为、不依法履行受教育义务的现象比较突出，却未引起一些学生、家长、社会的重视。因此，选取典型案例剖析，有利于引导学生全面地看待和分析问题。】

（过渡）作为正在接受九年义务教育的学生，履行受教育的义务，最主要的三项是什么呢？

分组讨论：怎样"努力完成规定学习任务"？

学生回答：（略）

教师总结：最主要的三项：其一，认真履行按时入学的义务；其二，认真履行接受规定年限的义务教育的义务，不得中途辍学；其三，认真履行遵守法律和学校纪律，尊敬师长，努力完成规定的学习任务的义务。【帮助学生在自己的实际生活中落实接受义务教育的义务，提高学生学习的自觉性、主动性。教师提示学生从自己的实际学习生活出发，实事求是，使活动更有实效。】

（过渡）在学习过程中，我们要积极开展自主学习、合作学习、探究学习，注意养成良好的学习习惯，提高学习能力。为了自己的生命焕发光彩和祖国的繁荣富强而奋斗。

课堂小结：在全民学习、终身学习的学习型社会，我们要树立远大志向，珍惜在校学习的机会，自觉履行受教育的义务，以勤奋和智慧去撷取成功之果，为祖国的繁荣富强建功立业。

教学反思

本节课我根据学生的心理特征及其认知规律，按照新课程教学理念的要求，采用直观教学和活动探究的教学方法，坚持以"教师为主导，学生为主体"，以学法为重点，放手让学生自主探索学习，主动地参与到知识形成的整个思维过程，力求使学生在积极、愉快的课堂氛围中提高自己的认识水平，从而达到预期的教学效果。

在今后的教学中，更需要我们不断地进行探索与实践，充分利用好教材和现实生活的事例提高促进学生全面发展的教学能力。还要结合社会和学生的实际深挖教材背后的东西，挖掘生活中点点滴滴的感受，点亮学生心灵。

我们享有“上帝”的权利

陈 卓

教材分析

本课题是人教版《思想品德》八年级（下册）第3单元“我们的文化、经济权利”中第8课“消费者的权益”的第一课时内容。对应课标的内容是“我与他人的关系”中“权利与义务”部分：“理解权利与义务的关系，学会尊重他人的权利，履行自己的义务”、“知道法律保护消费者的合法权益。”

具体而言，本课是在探询我们的生活离不开消费，消费者依法享有的合法权益的过程中，帮助学生理解保护消费者合法权益的必要性，明确法律保障消费者合法权益的同时，消费者也要履行自己的义务。理解权利与义务一致性的重要性，进一步激发求知欲望，从而更充分地享有“上帝”的权利，并为下一节探寻“维护消费者权益”打下基础。

学情分析

生活离不开消费，在现实生活中，侵害消费者合法权益的事情时有发生。有的使用劣质产品致使人身受到伤害，有的造成财产损失，更多消费者遭遇过不公平交易、花大把钱却买了假冒劣质产品，受到不应有的损失。因此，有必要通过教学增强学生的维权意识，让他们学会做一个聪明的消费者。在设计时坚持以学生的生活体验为主，引导学生关注生活，强化情感体验。

设计理念

1. 新课标倡导“在活动中体验，在体验中感悟，在感悟中履行”的教学理念。为此，我特意设计了若干贴近学生生活实际的系列活动，关注学生的成长需要与生活体验，关注学生的生活。

2. 要遵循正确价值观引导与启发学生的独立思考和积极实践相统一的原则。在教学设计过程中，我认为课堂教学不仅要突破知识点，更要联系学生生活实际，学习生活中的法律。在学习过程中，创设贴近学生生活实际的情景，引导学生关注生活，强化情感体验。

3. 本节课我围绕教学目标，紧紧结合学生的生活、思想实际，设计了环环紧扣、层层递进的活动板块，试图通过这些活动，引导学生自主学习、合作学习、探究学习，让学生在活动中学有所得，学有所思，学有所感，学有所用。

教学目标

能力目标

能够运用关于消费者的九个基本权利的知识来指导实际消费。

知识目标

知道消费者依法享有的合法权益和义务；了解保护消费者合法权益的必要性。

情感态度价值观目标

形成诚信的道德观，自觉做一个文明的消费者。

教学重难点

教学重点

消费者依法享有的权利及相应的义务。

教学难点

增强保护消费者权益的意识和能力。

课前准备

教师：搜集、整理相关材料，做好课前小调查，制作成课件。

学生：搜集、整理生活中有关侵害消费者合法权益的案例，查找中国消费者运动的发展情况及年度“3·15”贡献获得者的事例。

课时安排：1课时。

教学流程及评析

导入环节：（教师叙述）我们的生活离不开消费，同时向学生展示一组有关消费场景（衣、食、住、行等方面的消费和文化生活的消费）的照片，接着直接问“你知道还有哪些消费”，引导学生联想起日常生活的种种消费现象，教师总结，当我们购买商品或享用服务时，我们便成了消费者。从而引出——我们都是消费者。【学生对自己的身份非常熟悉，却往往忽略了自己经常扮演着“消费者”的角色，这一设计旨在让学生认识到：在经济生活中，我们每个人都是消费者。从而引出课题——我们都是消费者。】

课堂活动环节：

一、生活调查

我们的生活离不开消费，这既包括吃饭、穿衣、住房以及使用的日用品、交通工具等物质方面的消费，也包括满足精神文化需要的消费，如看电影、唱卡拉OK、旅游等。我们做个小调查：近日，同学们都买过什么东西？有过什么消费？从而引出经营者和消费者的关系。

学生回答（略）

（小结）当我们选择、购买商品，等于对市场上的商品及其经营者投票，因而对于经营者来说，顾客就是“上帝”，消费者决定着商品及其经营者能否被认可。【通过小调查，让学生列举自己的生活经历，认识到每个人的生活都离不开消费。】

二、现实说法

分析教材第87和88页的两个场景：顾客就是“上帝”，经营者本应尊重消费者，在现实生活中，这句话是真是假？为什么图中的厂家和店家如此对待“上帝”？在以上场景中，消费者处于什么地位？

学生回答（略）

（小结）在经营者与消费者关系中，经营者处于有利地位。还有个别经营者见利忘义，利用自己所处的有利地位损害消费者的利益。【一方面，激发学生对个别经营者唯利是图行为的强烈谴责，更好地落实情感觉悟目标。另一方面，为学习保护消费者权益的重要性做好认识铺垫。】

三、现场播报

个别经营者对消费者的欺诈、坑害，在使消费者遭受巨大损失的同时，也使消费者觉醒起来，向不法经营者奋起发起反击，以维护自身权益，争取社会公正。于是，消费者运动应运而生，并形成一股世界性潮流。

让学生以小记者身份，播报自己课前搜集的材料：

①联合国在1985年通过《保护消费者准则》的背景怎样？

②列举自己知道的为中国消费者运动发展做出贡献的人物及事迹。

（小结）消费者在整个社会生产的过程中，充当最后购买和消费的角色。所以说，保护消费者权利，不只是对消费者自身有益。保护消费者权益，有利于促进生产发展，保证社会再生产的顺利进行，维护社会的正常秩序，让人们过上更美好的生活。自然引出——消费者享有的权利。【通过搜集材料和角色转换，调动学生自主学习、探究学习的积极性。让学生认识到消费者运动的发展离不开每一个消费者的努力，初步激发学生作为消费者维护自身权益的自觉性。】

四、终极合作

让学生以小组为单位，合作探究消费者应该享有哪些权利，并且在探究中举例说明，教师积极指导，学生踊跃交流。

学生发言：略。

（小结）《中华人民共和国消费者权益保护法》根据我国的实际情况并参照国际惯例，规定了消费者享有安全权、知情权、自主选择权、公平交易权、依法求偿权、结社权、获得教育权、人格尊严与民族风俗习惯获得尊重权、监督权等九项权利，同时规定了经营者的十大义务。【联系生活实际积极探究，让学生体验到消费者权益的存在。增强了学生的理论联系实际的能力，做到学以致用。】

五、升华主题

小品表演：结合教材 92 页漫画《如此“上帝”》，“上帝”是这个样子的吗？分析：消费者应该怎样履行自己的义务？

学生回答：略。

（小结）法律保障消费者的合法权益，我们作为消费者也要履行自己的义务，维护市场秩序，做有修养、守秩序、道德高尚的“上帝”。【让学生认识到法律保障“上帝”的合法权益，作为“上帝”也要履行自己的义务，引导学生进一步理解权利和义务的一致性。】

课堂小结：

我们的生活离不开消费，希望在今后的生活中，我们每一个人都能积极地学法、用法，不仅做一名维护自身权益的消费者，而且做一个现代社会文明的消费者。【将法律和道德融入现实生活，有助于思想品德课情感态度和价值观的实现，更有助于思想品德课终极目标的实现。】

版书设计

我们享有“上帝”的权利

1. 我们都是消费者

2. 消费者享有的权利

教学反思

1. 这一节课，通过图片、视频新闻、记者播报和小品表演等，学生充分地表达了自己的感受和想法，学习积极性很高，生生互动、师生互动，积极探讨解决问题，学习效果显著，顺利完成教学目标，同时也从中发现问题并解决了问题。但是，教师在课堂教学的时间安排上也是一个比较困难的问题，学习本框题，特别要注重的是学生在生活中的体验和感受。

2. 本节课的分组讨论对于一部分同学的积极性还没有最大限度地调动起来。小组活动不够活跃，部分学生参与度不够，分组时应注重学生的差异性，使分组教学更趋完善，充分发挥组长的组织能力，让每个同学都有机会，有能力参与到活动中来。

维护消费者权益

陈　卓

教材分析

“维护消费者权益”是人教版八年级《思想品德》（下册）第8课第2框的内容。学习本框的目的是让学生增强良好的权利意识和自我保护意识，增强自身的判断能力和选择能力，学习并掌握消费维权的途径。本框共有两目，练就一双“慧眼”和“维护权益的途径”。

学情分析

1. 八年级学生，由于自己对社会的认知有限，再加上一些社会现象的误导，自己消费权益的意识还很薄弱，在现实生活中，他们的权益受到侵害的现象时有发生。由于缺乏生活经验，鉴别生活中消费陷阱的能力还很缺乏，辨别是非的能力还不是很强，身心发展还不完全成熟，当他们作为消费者，被侵权后，往往不知所措，如何维权成为中学生不可回避的问题。

2. 在教学中通过引导学生阅读漫画，对案例进行分析，结合学生的实际创设情景，联系学生生活谈体验与感悟，使学生较好地掌握维护自身权益的法律知识、途径和方法 ，并且在生活中能运用所学的法律知识去解决生活中遇到的实际问题。

设计理念

1. 本框的主要内容是明确消费者的权利和如何维权，从而了解《中华人民共和国消费者权益保护法》的重要地位。为了突破这个主题，教师安排学生调查探究，让学生在活动中用自己的眼睛去发现生活中的侵权案例，用自己的头脑去分析如何维护消费者的合法权益，主动动手去寻找维护权益的法律依据。

2. 课上，学生是主体，他们把调查结果进行汇报、展示和分析；课下，教师是和学生一起调查探究的实践者，是学生的指导者。教师是主持人，把一个个环节串联成线，是点拨者，帮助学生把一个个重点、难点击破。

3. 在这个调查探究活动中，教师充分发挥学生的主体作用，让学生主动去获取知识和技能，初步培养学生的维权意识、自我保护意识，勇于依法维权。同时，也培养学生的自主学习能力、归纳能力、理解和分析能力及语言表达能力。

教学目标

1. 掌握基本的消费者权益保护方面的知识，知道消费者维权的一般途径。
2. 学会维权的方法，形成相关的判断能力和选择能力。
3. 形成理性的消费和善于维权的行为能力。

教学重难点

教学重点

1. 维护消费者合法权益的正确途径和方法。
2. 做一个合格又精明的消费者。

教学难点

1. 灵活运用法律知识解决维权的实际问题。
2. 增强维护消费者权益的意识和能力。

课前准备

教师：设计调查问卷，了解学生的维权意识；制作多媒体课件。

学生：搜集经营者招徕消费者的种种“手段”；编排小品。

课时安排：1课时。

教学流程及评析

导入新课

（一）复习提问巩固上节课内容

1. 消费者享有哪些权益？它们的具体内容是什么？
2. 消费者应该怎样履行自己的义务？

（二）导入新课

播放DV录像小片段后，设置问题：

1. 如何看待五花八门的有奖促销活动？
2. 你怎样甄别以下非法的有奖销售？

①采用谎称有奖或故意让内定人员中奖的欺骗方式进行有奖销售。②利用有奖销售的手段推销质次价高的商品。③抽奖式的有奖销售，最高奖金超过5000元。【设计学生身边发生的事件场景，激发学生思维的兴奋点，让学生迅速进入

课堂状态，同时引起情感共鸣，激发探究兴趣。】

你（或你的父母）在消费时遇到过诸如此类的事情没有？如果你遇到该怎么办？学生回答后，教师总结（在我们的生活中，常常会遇到侵害消费者权益的事情，这时我们该怎样做呢？从而引人新课《维护消费者权益》。）

（二）进行新课

在日常生活中，你在消费时曾经吃过哪些亏？你有什么避免吃亏的法子吗？请与大家分享一下吧，引出第一目：练就一双“慧眼”。

回播有奖促销视频

请学生表演商家推销产品的手段，同学们开始行动，选择自己必需的商品。（播放歌曲《雾里看花》，模拟购物。）

在此过程中，请学生思考：

1. 在现代社会，影响人们消费行为的因素有哪些？

2. 这雾里看花的消费世界里，我们要做一个聪明的消费者，需要具备什么能力？

播放商家打折视频

1. 商家打折会有哪些动机？【引导学生结合自己的生活经历与感受，明确消费者应该学会理性消费。】

在学生交流的基础上，教师可以介绍元旦、春节时的“血拼族”的消费现象。

（小结）大千世界，常让我们有“雾里看花”的感觉。这就要求我们拥有一双“慧眼”，即增强自己的判断能力和选择能力，学会在林林总总的商品信息中进行比较、鉴别，不盲目追随其他消费者，从而充分行使消费者的权利，选择适当合理的消费行为。

（过渡）练就“慧眼”需要我们自身的努力，我们需要主动学习和掌握有关消费的知识以及有关消费者权益保护的知识。接下来，我们进行一个小知识竞赛，看看谁的消费知识更丰富。【通过知识竞赛，激发学生的参与热情，寓教于乐，同时掌握一些消费知识以及消费者权益保护方面的知识。】

知识竞赛题目列举：

① 我国专门保护消费者权益的法律是什么？其中规定了消费者享有哪些权利？

② 请说出下列几个电话分别属于哪一类投诉电话。12315（消费维权投诉热线）12358（价格投诉热线）12365（产品质量监督热线）

③ 消费者在购物时为什么要索取发票？在接受购物凭证时应该注意哪些问题？

（小结）闭目塞听，拒绝对现代科学技术的了解，不可能成为一个聪明的消费者。只有主动学习，做一个聪明的消费者，我们才能自觉地运用法律武器维护自己的权益，与不法经营者进行斗争。

（过渡）“徒法不足以自行”。法律赋予我们消费者权利，我们自身也需要具有良好的权利意识和自我保护意识。学生表演小品《医患纠纷——拔牙》，引出第二目：维护权益的途径。【通过小品表演和合作探究，引导学生明确消费者权益受到损害后寻求解决的一般途径。】

医生：刚才拔下的牙齿已经被虫蛀，剥掉是迟早的事。

患者：我的那颗牙齿没有毛病。即使有毛病，拔牙也得我同意。

①这个情景反映了什么问题？②患者应作出什么反映？

学生讨论，教师总结：

①反映了消费者在接受医疗服务时，自己的合法权益被侵害。

②要具有良好的权利意识和自我保护意识。这种意识不仅要体现在商品交易过程中，而且要体现在不公平交易发生之后。要保持应有的警惕，尽量不给不法经营者以可乘之机，在侵权行为发生以后，我们则应勇敢地拿起法律武器，维护自己的合法权益，也使不法经营者显露原形，受到惩治。

请同学们看教材 96 页，找出解决的途径：A. 与经营者协商和解；B. 请求消费者协会调解；C. 向有关行政部门申诉；D. 根据与经营者达成的仲裁协议，提请仲裁机构仲裁；E. 向人民法院提起诉讼。【通过合作探究，引导学生明确消费者权益受到损害后寻求解决的一般途径，同时请记住下列投诉电话号码：消费维权投诉热线：(12315) 价格投诉热线：(12358) 产品质量监督热线：(12365)。】

课堂小结：在今后的生活中，当我们的合法权益被侵害时，我们要理直气壮地拿起法律武器维护自己的合法权益，愿消费者的每一天都是“3·15”，愿每个消费者都争当维权卫士。

版书设计

维护消费者权益

1. 练就一双“慧眼”

（1）增强判断能力和选择能力

（2）怎样练就“慧眼”

2. 维护权益的途径

（1）增强维护消费者权益的意识

（2）维权途径

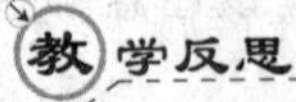

在本课的教学中，根据教学目标和教学重点，精选有关材料，创设教学情

境，激发学生的学习兴趣，引导他们积极主动地参与到教学探究中去，从而深刻领悟本课的相关的知识和理论。教学素材准备的充分实用新颖，教学环节紧凑连贯，教师语言亲切，设问简练又有启发性。学生在教师创设的生动情境里表现出极高的学习兴趣，参与学习的积极性和主动性也被充分调动，师生配合和谐愉快。教学重难点明显。不足的是在学生自我举例消费经验时候有些拖沓延长了教学时间，教师及时给予肯定并帮助归纳，才使课程按时完成。

不足的是在学生自我举例消费经验时候有些拖沓延长了教学时间，教师及时给予肯定并帮助归纳，才使课程按时完成。

我们的社会主义祖国

姜春梅

教材分析

“我们的社会主义祖国”是人教版《思想品德》九年级第3课的第1框题。本框题主要从当前国际局势所发生的深刻变化，中国在国际社会中所处的地位和作用，现阶段我国生产力水平、科技水平、社会主义具体制度方面讲述我国的基本国情。在此基础上进一步阐明现阶段我国社会的主要矛盾、国家的根本任务以及高举中国特色社会主义伟大旗帜等问题。

学情分析

中学生对我国的国情了解的程度、角度不同。这些认识有的生动、形象，有的具体真实，但很多时候是零散的、片面的、感性的。结合学生已有的感性表象认识，引导他们全面系统地了解我国的基本国情，有利于他们更好的理解党的方针、政策，全面认识社会现象，增强建设祖国的责任感和使命感。

改革开放以来，我国的社会主义现代化建设取得巨大成就，但是我们社会发展很不平衡，仍然存在各种矛盾。这些矛盾对学生的思想有各种各样的影响甚至使他们产生困惑。例如，看病难、上学难、房价高、下岗职工就业、医疗保障、城乡差距 、收入差距等问题。让学生明白 这些矛盾的存在只是暂时的，随着我国经济社会的发展这些矛盾会逐步得到解决。

设计理念

1. 用数据、图表、学生身边的变化，贴近学生生活的实例来感染学生，产生共鸣，使抽象的理论变得具体、生动。增加关心社会的兴趣和情感，养成亲社会行为。

2. 采用多媒体教学，借助课件展示材料和节省时间。了解实行改革开放给社会带来的变化，体会社会主义制度的优越性。增强热爱祖国，热爱党的情感。

3. 通过活动结合学生的已有的历史知识和生活经验加以提升、归纳观点。有意识地关注知识本身内在的关联性，提高抽象思维和归纳、总结的能力。明确我国还是发展中国家，还面临来自发达国家的压力，知道我国在世界上的地位和作用、面临的机遇和挑战，增强建设社会主义祖国的使命感。

教学目标

知识与能力

认识我国的国情及其现阶段的主要任务，了解中国在世界上的地位，形成开放的意识和世界眼光。

情感态度与价值观

形成热爱祖国、热爱中国共产党的情感。

教学重难点

1. 我国社会主义初级阶段的基本国情。（既是重点又是难点）
2. 我国社会主义初级阶段的主要矛盾、国家的根本任务。（重点）
3. 高举旗帜，开创未来。（既是重点又是难点）

课前准备

教师制作课件、学生收集的资料。（近年来我国在政治、经济、文化领域的成就的新闻、图片等）

课时安排

1 课时。

教学流程及评析

导入新课

（1）学生展示搜集的材料并观看课件

（2）教师导入：你觉得我们国家改革开放以来变化大吗？发展速度怎么样？都在哪些方面取得了巨大成就？（学生根据材料回答）

大家为我国所取得的成绩感到骄傲和自豪吗？今天我们就来更清楚的认识一下我们的祖国！

（3）板书：我们的社会主义祖国。

活动一：感受中国的力量，见证辉煌成就，感受家乡巨变。

（1）指导学生看书，师生交流建国以来我国取得的重大成就，认识到社会主义制度的优越性得到了初步显示。

（2）让学生从自己家乡的住房、家乡人手机家电等拥有的情况、环境保护、交通、衣着方面来看家乡的变化。（根据导入部分的问题以及学生收集的资料，鼓励学生评论、回答、归纳总结）

教师总结：中国人民富起来了，国家强大了。这些成就使我们体会到社会主义制度的优越性和党领导的正确性。改革开放以来，中国是世界上发展最快、变化最大的国家之一，在国际上的地位日益提高，发挥着越来越重要的作用。让学生充分感受和体会"一个日益强大的中国"及国际形象。

得出结论：日益强大的中国。【通过材料展示和课件的播放，感受到我们的祖国日益强大，使学生为祖国取得的成就感到骄傲和自豪，增强爱国情感，激发继续关注祖国发展的兴趣，引出课题。】

（板书）

一、世界舞台上的中国

过渡：中国日益强大了，我们在为社会主义建设成就喝彩的同时，还应该看到我们的差距和不足。

活动二：从数据中看差距。

（1）指导学生阅读教材 P33 反映我国人口素质低，企业核心竞争力不强的材料，启发学生思考：

①从以上材料中，我们可以得出什么结论？

②与世界发达国家相比，我们还存在哪些差距？

（2）学生讨论后回答。

①我国还属于发展中国家，仍然面临发达国家在经济科技等方面占优势的压力。

②人口多，底子薄，地区发展不平衡，生产力不发达的状况没有根本改变；我国的科学技术水平还不高，科技竞争力还不强，我国人口素质不高、科学文化水平不高等等。

结论：我们与发达国家相比还有很大差距，我国还属于发展中国家，仍然面临发达国家在经济科技等方面占优势的压力。

（3）教师小结：我们在为自己的成就感到欢欣鼓舞的同时，必须清醒地认识到我国还属于发展中国家，与发达国家存在很大的差距，面对复杂多变的国际形势，竞争的机遇时刻显现在眼前，挑战的压力步步紧逼我们，因而要正确认识我国的基本国情，加快发展，才能实现中华民族的伟大复兴。【总结上文，得出结论，激发学生好奇心，导出第二部分教学内容。】

教师提问：那么，目前中国的基本国情是什么呢？

二、我国正处于社会主义初级阶段（板书）

1. 我国的基本国情。（板书）

教师：我们还应清醒地认识我国的国情，师生互动。

①现阶段我国社会生产力水平还比较低。（表格资料通过课件展示）

②科学技术水平、民族文化素质还不够高。（课件展示我国的科技人员占人口比例与世界发达国家的比较）

③社会主义具体制度还不完善。（教师讲解，但不十分展开）

综上，学生总结我国的国情表现为以上三个方面。【课件辅助教学，帮助学生理解本课的重难点，使学生发自内心的清醒地认识到我国现在存在的实际问题，现实国情，增强学生的建设社会主义祖国的责任感、使命感。】

了解起止时间，课件辅助展示。

教师提问：初级阶段的含义是什么？学生看书后回答，教师点评时指出其含义的两个方面：1）社会主义社会；2）不发达阶段；表现在政治、经济、文化生活的各个方面。

教师提问：作为不发达阶段，社会各方面矛盾一定很多。目前我们社会的主要矛盾是什么？国家的根本任务是什么？它们与我国的基本情国有何关系？

2. 现阶段我国社会的主要矛盾。（板书）

①学生看书回答：人民群众日益增长的物质文化需要与落后的社会生产之间的矛盾。

②学生讨论后说说主要矛盾在我们生活中的具体表现。（看病难、上学难、就业难、行路难等等）

举例：上学难。

教师问：国家该怎么解决呢？学生看书回答，沿着中国特色社会主义道路，集中力量进行社会主义现代化建设。

3. 国家的根本任务。（板书）

学生看书，启发学生思考主要矛盾、根本任务，基本国情彼此之间的内在关系。学生讨论。

教师小结：我国的基本国情决定了我们目前社会的主要矛盾和国家的根本任务。【在认识国情的基础上明确我国社会当前的主要矛盾是什么，怎样才能解决，树立坚持党的领导 坚持社会主义道路的决心。】

活动三：历史的启示。

(1) 师生互动了解这四件大事。（教材35页）

(2) 指导学生结合相关历史知识，讨论其伟大的历史意义。

教师提问：中国共产党为什么能经受得住考验，实现历史的转折？

【增强对中国共产党的领导和走社会主义道路的信心，引出下一知识点。】

学生回答，教师小结：因为中国共产党有科学的理论——马列主义为指导思想。

三、高举旗帜，开创未来（板书）

师生互动。通过四大历史事件的分析来了解马列主义在中国的发展。认识它与中国革命、建设和改革相结合，先后形成了毛泽东思想、邓小平理论、“三个代表”重要思想及科学发展观，它们是一脉相承，与时俱进的，所以中国共产党的指导思想是发展着的指导思想。

1. 改革开放以来我们取得一切成绩和进步的根本原因是：开辟了中国特色社会主义道路，形成了中国特色社会主义理论。

2. 中国特色社会主义理论体系包括：邓小平理论、“三个代表”重要思想以及科学发展观等重大战略思想在内的科学理论体系。

3. “中国号”高歌向前，劈波斩浪，必须高举中国特色社会伟大旗帜。

课堂总结：

改革开放以来，中国的建设取得了巨大的成就，但时至今日，中国仍处在社会主义初级阶段，属发展中国家，我们要始终高举中国特色社会主义伟大旗帜，相信不久的将来，我国会成为一个富强、民主、文明、和谐的社会主义现代化国家。

版书设计

我们的社会主义祖国

一、世界舞台上的中国

1. 日益强大的中国。

2. 我国还属于发展中国家，仍然面临发达国家在经济科技等方面占优势的压力。

二、我国正处于社会主义初级阶段

1. 我国的基本国情。

2. 现阶段我国社会的主要矛盾。

3. 国家的根本任务。

三、高举旗帜 开创未来

中国特色社会主义道路

中国特色社会主义理论体系

中国特色社会伟大旗帜

课后反思

本节课根据学生认知情况，联系国家在政治、经济、文化及学生感受到的身边的变化，结合教材内容，围绕情感、态度与价值观目标，确立本课的教学主题。帮助学生理清了各个知识点之间的联系，从整体上把握全课内容。例如，社会主义初级阶段基本国情，现阶段我国社会主要矛盾、主要矛盾与国家根本任务之间的关系。效果良好。

连接学生已有的知识背景，例如，从祖国发展的资料中感受中国日益强大。增强课堂教学的趣味性。多方面调动学生的主动性、积极性、创造性鼓励学生搜集相关资料，提出问题、进行自主合作探究性学习，激发了学生的学习兴趣和内在潜能、活跃其思维、提高其自我教育和自我发展的能力。

渗透了社会主义、爱国主义教育。增强了其建设祖国的责任感和使命感，认识到只有在党的领导下才能发展中国的道理。培养了理解、分析、归纳、总结能力。

在引导学生不唯上、不唯书、不盲从、不满足于现成的答案和方法上做的还不够好，在时间允许的情况下多鼓励学生发散思维，在培养学生的创新性思维方面下功夫。

迷津指点

本课通过我国社会发展成就的取得认识到社会主义制度的优越性和党领导的正确性，从而面对我国处在初级阶段的国情，针对国内实际困难以及国际经济科技压力我们应该坚持党的领导，坚持中国特色社会主义理论的指引，只有这样，才能使“中国号”巨轮劈波斩浪，高歌向前。

统一的多民族国家

姜春梅

教材分析

“统一的多民族国家”是人教版《思想品德》九年级第3课的第3框题。本框主要讲述两个方面的内容，一是我国是一个统一的多民族国家、民族区域自治制度、处理民族关系的原则和维护民族团结；二是实现祖国统一的基本方针，即“一国两制”。我国是一个统一的多民族国家，维护祖国团结统一是我国各族人民的共同心愿。从这一逻辑出发，本框把民族团结、祖国统一这两个方面统一起来讲。

学情分析

对于我们这样一个多民族国家来说，民族问题关系到国家主权、领土完整、社会稳定、国防巩固，经济发展和国内各民族团结，自觉维护民族团结对于我们这个多民族国家来说具有特别重要的意义。而学生对于我国的民族方针政策了解的不全面、不系统。面对极少数“台独”分子分裂祖国的行径，我们党采取什么样的原则立场，从党的大政方针方面，引导学生正确认识这些问题，有利于学生认识到这符合我国国情和各民族根本利益及国家的统一，以利于自觉维护民族团结和祖国统一。

设计理念

引导学生搜集各民族政治权利的规定、少数民族经济的发展以及语言、文字、风俗习惯、建筑等资料，增进对各民族的了解，树立民族大家庭意识，认识到新中国的成立，开辟了个民族平等、团结、互助的新时代。感受党的民族政策的正确性。感受到维护民族团结不仅是党和政府的事，更是我们每个人应尽的责任和义务。

结合香港、澳门回归祖国的历史，帮助学生加深对“一国两制”基本方针的认识，明确实现祖国统一是人心所向，是不可阻挡的历史潮流。

教学目标

知识目标

了解我国是一个统一的多民族国家，各族人民形成了“你中有我、我中有你”的亲缘关系；认识民族区域自治制度是我国的一项基本政治制度。知道处理民族关系的原则和“三个尊重”的含义。

能力目标

逐步形成开放意识和世界眼光。具有相应的促进民族团结和发展的能力。

情感态度与价值观目标

树立中华民族大家庭的民族情感，促进民族团结和民族发展。

教学重点

民族区域自治制度是我国的一项基本政治制度。处理民族关系的原则。

教学难点

为什么说“一国两制”方针具有强大的生命力？

课前准备

要求学生收集各民族的服饰、代表节日、饮食、建筑、语言文字、历史沿革、风俗习惯的资料；收集香港、澳门回归的图片；西藏和台湾等问题的有关资料。

教学流程及评析

导入新课。(播放少数民族歌曲)

问：我们国家有多少个少数民族？你了解哪个民族的风俗习惯、语言文字、节日、建筑？简单的介绍一下吧！(通过自荐方式让一两位同学简要介绍自己所搜集的材料。)

少数民族风情(多媒体展示)。让学生说出教材41页所列举的民族服饰。

教师总结：通过刚才的了解我们知道我国是56个民族组成的大家庭。从远古开始，我国各民族的祖先就劳动、生息、繁衍在这片辽阔的大地上，历经几千年，逐步形成了今天中国的民族面貌。56个民族是一家。

结论：统一的多民族国家。(板书)

1. 五十六个民族是一家。(板书)

播放历史上民族迁移融合的资料。(课件)

(1) 教师总结：经过几千年的民族迁徙、融合，长期的经济文化等方面的交往，各族人民形成了你中有我、我中有你的亲缘关系。解放后我国在少数民族聚居的地区实行民族区域自治制度。

(2) 学生阅读教材回答：什么是民族区域自治制度？(我国在少数民族聚居地区，建立了相应的自治区域，少数民族自己管理自己的内部事务。)其地位如何？(是我国的一项基本政治制度，是发展中国特色社会主义民主政治的重要内容。)

2. 共同浇灌民族团结之花。(板书)

填写教材42页表格以及课件展示的法律相关规定，使学生体会到各民族在行使管理国家的权力，使用自己的语言文字，保持或改革自己的风俗习惯等方面所具有的权利，从而了解各民族之间的平等关系。

(1) 新型民族关系：各民族平等团结互助和谐。(板书)

(2) 处理民族关系的原则：民族平等，团结和繁荣。(板书)

(再从法律的角度加以阐述)

(3) 自觉维护民主团结。(板书)

教师引导：我们的政府为维护各民族的团结做了很多事情，维护民族团结不仅是国家的事，也是我们每个人应尽的责任和义务，那么公民应该怎么做？

学生阅读教材后回答：尊重各民族的宗教信仰，尊重各民族的风俗习惯，尊重各民族的语言文字。

3. 实现祖国和平统一。

(从两幅图案入手，了解并体会祖国统一的前进步伐。)

(1) 结成最广泛的爱国统一战线。(板书)

(教师讲述爱国统一战线的内涵，明确实现祖国完全统一是海内外中华儿女的共同心愿，是中华民族根本利益所在。为实现祖国统一我国提出了“一国两制”的基本方针。）

（2）实现祖国统一的基本方针。（板书）

（由学生朗诵“一国两制”的内涵。“一国两制”在实践中也是成功的，香港和澳门的回归使一国两制的实践日益丰富。事实证明，“一国两制”方针的正确性和强大的生命活力。我们坚信在这一方针的指导下，台湾也会顺利回归祖国的怀抱。）

（3）两岸统一的最佳方式。（板书）

教师从历史和现实方面引导学生讨论并得出结论，明确：

①坚持一个中国原则是发展两岸关系和实现和平统一的基础。

②解决台湾问题的基本方针是“和平统一、一国两制”。

③两岸统一是中华民族走向伟大复兴的历史必然。

版书设计

统一的多民族国家

1. 五十六个民族是一家。

各民族形成了你中有我、我中有你的亲缘关系——实行民族区域自治制度。

2. 共同浇灌民族团结之花。

（1）新型民族关系。

（2）处理民族关系原则。

（3）自觉维护民族团结。

3. 实现祖国和平统一。

（1）爱国统一战线。

（2）实现祖国统一的基本方针。

（3）两岸统一的最佳方式。

课后反思

本节课所学习的民族区域自治制度和一国两制方针，理论色彩比较浓，如果就理论讲理论，学生必然感到乏味。只有理论联系实际，结合学生自己的感受和体会来感悟书中的道理，才能让这些道理内生于学生心灵。例如，讲台湾回归祖国是历史的必然时，引导学生从民族情感、精神纽带、民族利益、民族心愿进行自主探究，得出结论。

本节讲解时关注了学生对基本观点的把握。处理民族关系原则、“一国两制”方针，学生在理解的基础上能够做到完整、准确的把握。

渗透了爱国主义教育，通过讨论、观察、了解了学生对民族区域自治和一国两制内容的看法，并科学地加以引导。

迷津指点

我国是统一的多民族国家，不能把民族团结和国家统一割裂开来，只有正确处理好这两个问题，国家才能稳定，社会才能发展。维护民族团结和祖国统一不能只依靠国家，也是我们每个公民的责任和义务。

计划生育与保护环境的基本国策

姜春梅

教材分析

“计划生育与保护环境的基本国策”是人教版《思想品德》九年级第4课的第2框题。本框设计了两目，即“计划生育关乎国计民生”和“功在当代、利在千秋”。主要帮助学生了解我国人口、环境问题的现状、特点，认识人口、环境问题对我国经济和社会发展的影响，理解计划生育和保护环境的必要性和重要性，知道计划生育和保护环境的基本国策。

学情分析

一些学生对我国人口增长带来的一系列问题、资源开发利用不合理和环境污染与破坏等问题认识不足，对党和政府实施的一系列基本国策和发展战略理解不深刻，在生活中自觉不自觉地浪费资源，破坏环境；更不明确人口过多过快增长会带来哪些具体影响。通过本框学习，可以让学生了解我国人口、资源、环境状况，了解我国计划生育、保护环境、合理利用资源的政策。在生活中宣传这些国策，以实际行动节约资源、保护环境。

教学目标

知识目标

认识计划生育和保护环境是我国的基本国策。

能力目标

具有宣传计划生育和保护环境的基本国策的能力。

情感态度价值观目标

形成关爱自然、保护环境、珍惜资源的情感。

教学重难点

1. 计划生育的意义及计划生育和保护环境的必要性。

2. 人口问题和环境问题的本质。

教学方法

辩论，调查。

教学流程及评析

创设情境，导入新课：

一、导人

以“第六次人口普查数据”引入新课。

二、新课

（一）1. 计划生育关乎国计民生。

【联合国确定“世界人口日”的意义。】

（学生讨论）

结论：人口问题已成为当代人类面临的重大挑战之一。

（1）教师提出问题，学生讨论：“人多力量大”，人力资源是第一资源。

（2）搜集有关我国人口问题的材料，讨论说明我国人口的现状与特征：

	人口数量	大学以上	高中以上	参军人增率
第四次人口普查	11.85 亿	3%	24%	0.27%
第五次人口普查	12.96 亿	34%	53%	0.96%

讨论说明人口的特点：①人口基数大、新增人口多、人口素质偏低（基本特点）。

②此外，农村人口多、人口老龄化速度加快、人口分布不平衡、男女性别比例失衡。

（3）讨论人口多，增长快的影响。

【用实例说明人口过多和过快增长带来那些问题？】

问题	举例
粮食供应不足	
就业压力加大	
教育经费短缺	
——	

明确人口过多过快增长的影响：人力资源是经济增长的因素，但只有保持适度的人口规模，人口增长和较高的人口素质条件下，才能促进经济和社会的发

展，如果人口规模大，增长过快和人口素质较低，就会制约经济和社会的发展。

结论：影响经济的发展和人民生活水平的提高，还会有粮食供应紧张，就业压力加大等。（本质：发展问题）（可从人均生活水平、就业压力、社会保障压力、自然资源和生态环境的压力举例说明。）

(4) 解决的方法：实行计划生育的基本国策。

①实行计划生育的必要性。

从本质上讲，人口问题就是发展问题。只有严格控制人口的过快增长，实行优生优育，使人口发展与经济发展相适应，才能保证社会主义现代化宏伟大业的顺利实现。实行计划生育，是从我国社会主义初级阶段的国情出发制定的一项基本国策。

② 实行计划生育的目的：控制人口数量，提高人口素质。

(提高人口素质就是要求同学的努力学习，提高自身素质。)

③ 计划生育的具体要求：晚婚、晚育、少生、优生。

④实行计划生育的意义。

第一，有利于发展社会主义社会的生产力；

第二，有利于增强国家的综合国力；

第三，有利于提高人民的生活水平。

必须毫不动摇地坚持计划生育的基本国策。

(过渡：从人口过多过快增长对生态环境的压力入手，转到环境方面的内容。)

(二) 功在当代，利在千秋

(让一学生朗读P52材料，请另外的一部分学生讲讲身边的环境问题，从而明确存在的哪些环境问题；多媒体显示环境问题资料。)

(1) 我国的环境问题的表现：

① 污染物排放总量还相当大；

② 工业污染治理任务相当繁重，城镇生活污染比重明显增加；

③水质，土质污染日渐突出，影响人体健康和产品出口；

④ 水土流失严重，荒漠化加剧……

(2) 我国生态环境的基本状况。

从总体上看，我国生态环境恶化的趋势已初步得到遏制，部分地区有所改善，但目前我国环境形势依然相当严峻，不容乐观。

(3)【调查你生活的地区存在哪些环境问题】——保护环境

(可广泛举例，用电视新闻中和身边周围的事实来说明，能让学生自己讲更能引起共鸣。) 老师总结：严峻的环境形势迫使我们必须做出选择，那就是可持续发展，我们要刻不容缓地采取有效措施防治污染与破坏。坚持保护环境的基本国策。在现代化建设中，我们在保持国民经济持续较快增长的同时，把环境保护放在突出位置。

① 决不能走破坏环境和浪费资源的路来发展经济。（国家做法）

② 只有保持环境，才能使现代化建设和民族复兴顺利实现。（国家做法）

③坚持保护环境的基本国策。（国家和个人的做法）

④讨论青少年应当怎样做，履行保护环境的义务。（个人做法）

（4）保护环境直接关系到现代化建设的实现和中华民族的复兴。

（正确认识和处理经济建设与保护环境的关系）

课后反思

以多种形式收集人口、资源、环境方面的材料，通过有效形式加以展现。注意知识之间的逻辑，循序渐进，环环相扣。例如，关于人口问题的有梯度的设计以及人口与环境的关系等。使学生感受到这种知识的逻辑力量。培养学生逻辑思维能力。

迷津指点

把情感、态度与价值观的形成和基础知识的掌握、运用知识的能力有机的统一起来，让计划生育的意识、保护环境的情感、关爱地球等内化于学生，激发学生探究的主动性和创造性。

实施可持续发展战略

姜春梅

教材分析

“实施可持续发展战略”是人教版《思想品德》九年级第4课的第3框题。本框共设两目，即，“我们共同的家园”和“走可持续发展之路”。是在上一框题基础上说明资源与环境之间有着紧密的联系，两者不能割裂开来，在学生学习了我国人口问题后，将环境与资源存在的问题整合到一起，让学生明确我国环境与资源问题及其带来的影响，增强学生的感性认识，在此基础上让学生理解走可持续发展道路的必要性和紧迫性，这样会使学生的思路更清晰，有助于学生的理解与记忆，使学生对教材有一个更清楚全面的理解。

学情分析

环境与资源问题一直是政治教材中的重点问题，学生在地理、生物、化学课堂及平日的生活中也都有所了解，因此本课教学内容对学生来说并不陌生，但对于如何解决相应的问题，怎样走可持续发展道路，什么是可持续发展，学生多少知道一些却不能清楚的理解和表达，因此在本课的设计过程中本着以学生为主，发挥学生主动性的理念，通过教师的问题设置由学生自己从所给的材料中找出相应的答案。提高认识，增强社会责任感。

教学目标

知识目标

了解实施可持续发展战略的依据；理解可持续发展战略含义和必要性；掌握如何实施可持续发展战略。

能力目标

形成注意节约资源，保护环境，敢于抵制不持续发展的言论和行为。

情感态度价值观目标

树立保护家乡环境，节约家乡资源，建设和谐家乡的主人翁意识。

教学重难点

重点：了解我国资源现状；坚持可持续发展道路，推动生态文明建设。

难点：在可持续发展道路上如何正确处理经济发展与人口、资源、环境的关系。

教学方法

案例教学法。本课主要是学生通过教师所给的材料、设置的问题进行分析讨论归纳，从而得出相应的结论。

教学手段

多媒体。

教学流程及评析

新课导入：（一）我们共同的家园

教师：上课之前请同学们看一个短片（公益广告——最后一滴水）请问这个短片反映了什么问题？

学生：可使用的水资源越来越少。

教师：这是我们面临的资源问题（板书），除此之外我们的社会还存在哪些问题呢？请同学们看下面一组图片（多媒体显示）

学生：人口问题、环境问题。（板书）

教师：面对这些问题，我们如何解决？应该走什么样的发展道路呢？

学生：走可持续发展道路。

教师：那么我们今天一起探讨如何实施可持续发展战略。（板书）

学习新课：

教师：抢答：下面一组图片反映了什么环境问题？（多媒体显示）

学生1：大气污染、水污染、过量开采地下水。

学生2：土地沙漠化、危险性废物越境转移。

教师：除此之外你还知道哪些环境问题？

学生1：酸雨、水土流失、大量垃圾倾倒在河边、路边……

学生2：全球气候变暖。

教师：那么环境问题会给我们带来哪些危害呢？

学生1：腐蚀建筑物……有些蔬菜有害物严重超标……

学生2：水污染会导致鱼类死亡，破坏生态平衡。

学生3：人喝了对身体有害……

学生4：有些河流污染严重致使两岸农作物绝收……

教师：除此之外你还知道哪些环境问题对我国的经济发展的有什么危害？

学生1：赤潮，影响我国渔业发展。

学生2：土地沙漠化，影响我国农业发展……

教师：综上所述，环境问题主要表现在：污染物排放总量还相当大，远远高于环境自净能力；工业污染治理任务还相当繁重，有些经过治理的地方又出现反复，城镇生活污染比重明显增加；不少地区农业水质、土质污染日益突出，有些地区的农产品有害残留物严重超标，影响人体健康和产品出口；部分地区水土流失、荒漠化仍在加剧等等。

教师：请同学看下面的漫画。（多媒体显示）

教师配音“长江长江，我是黄河”“黄河黄河，我也是黄河”。

这幅图片反映的是什么问题？是什么原因造成的？

学生：长江水受到污染，是由于乱砍乱伐造成的。

教师：说得很好，这反映了我国的森林资源遭到了严重的破坏。那么，我国资源的基本状况怎样呢？请同学们阅读下列材料进行分析。（多媒体显示）

学生1：我国是资源大国，资源总量大、种类多。

学生2：人均占有量少、开发利用时浪费严重。

教师：总而言之，我国资源主要存在以下问题（多媒体显示）结合我们上节课所了解的人口问题，请同学们思考并讨论这三者之间有什么联系？对我国的发展有什么影响？

学生讨论回答。

学生1：他们都和我国发展有联系。

学生2：他们都对我国经济发展有影响。

学生3：他们都是我们要解决的问题……

教师：同学们说的都有道理，人口问题、环境问题、资源问题（板书）从根本上说都是发展问题，都是制约我国经济发展的基本因素。人口的剧增、资源的短缺、环境的恶化、生态的危机等一系列的世界性问题，已经直接威胁到我们和子孙后代的生存。那么我们应该走什么样的发展道路呢？

（二）走可持续发展道路

教师：说得很对，那么什么是可持续发展？怎样实施可持续发展战略？我们看下面的图片（多媒体显示）假如是你、你会怎么做？请说说你的创业思路和理由。

学生1：种植葡萄不仅美化环境还可以酿酒，酒糟喂养池塘里的鱼葡萄园可以发展生态旅游鱼塘的塘泥对葡萄树来说是很好的肥料，这样能发展经济，又美化环境……

教师：对这两位同学的创业思路你是如何看的？说说你们的理由。（讨论）

学生1：因为他的做法不仅能为自己带来经济利益，而且还美化了环境，以后也有发展前途，会越来越好，可以持续发展……

教师：这位同学的谈话很精彩，那我们一起看看真正的主人公是怎样做的。（多媒体显示）

看来我们和他是不谋而合，我们的做法都体现了可持续发展的思想，那么什么是可持续发展呢？同学们能否结合这件事试着归纳一下？

学生1：既满足现在的需要，又能满足以后的需要。

学生2：既要发展经济，又要保护环境。

学生3：发展经济和保护环境和谐发展……

教师：归纳得很全面，我们一起再确切的把握一下什么是可持续发展（多媒体显示）：可持续发展就是既满足当代人的需求，又不损害后代人满足其需求的能力的发展。

那么我们应如何实施可持续发展战略呢？请看下面一组材料（多媒体显示）反映什么问题？对此我们应该怎样做？

学生1：说明环境问题带来巨大损失。

学生2：我们应该马上治理环境，减少损失。

学生3：努力发展经济，也不忘治理环境，尽量减少环境破坏和污染。

学生4：提高环保意识……

教师：同学们都很有思想，懂得可持续发展的重要性。但也有人说中国有960万平方千米的国土面积，资源丰富，地大物博，应有尽有。更何况现在我国是发展中国家，人民生活水平并不特别富裕，目前最要紧的是把经济发展得更快一些，人民生活水平提高得更快些，甭管它可持续发展还是不可持续发展。你认同这种观点吗？

学生1：不同意！这样的话我们的生存环境会越来越差，等有钱了再治理就来不及了。

学生2：要把发展经济和环境保护一起考虑，可以通过开发资源来发展经济，但不要过度，而要协调；还应当考虑人口问题，应控制人口数量；不能只顾自身利益，而不顾他人和社会利益……

课堂小结：

教师：现在老师把大家见解综合起来，归纳如下。(多媒体显示)

教师：可持续发展是要求人口、经济、社会、环境和资源相互协调一种战略思想，它是一个多种因素综合考虑即全面考虑的战略思想。要求人们把经济效益，环境效益和社会效益相统一，要处理好眼前利益和长远利益关系，同时还不可忽视控制人口数量。只有这样，才能真正实施可持续发展战略。这不仅仅是从我国发展过程中认识到的，也是全世界各国发展的共识。当然对于可持续发展战略不仅体现在思想上，更重要的落实到实际行动中。通过本课学习，在实际生活中我们作为中学生，作为一名有责任心的公民，我们能为保护环境、节约资源和可持续发展做些什么？

学生回答略。

教师：希望大家以主人翁的责任感，从我做起，共同努力推动生态文明建设，走可持续发展的道路。

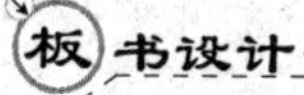

板书设计

实施可持续发展战略

人口问题
环境问题 —本质→ 发展问题 —要求→ 实施可持续发展战略
资源问题

教学反思

可持续发展所追求的目标是：既要使人类的合理需要得到满足；又要保护资源和生态环境：既要关注当代人的利益，也不对后代人的生存和发展构成威胁；它特别关注的是各种经济活动的生态合理性，强调对资源、环境有利的经济活动应给予鼓励，反之则应予摈弃。

迷津指点

通过这节课的学习，学生能够把人口、资源、环境问题与经济发展统一起来，明确我们国家已经认识到经济发展过程中出现的这些问题并为此制定了可持续发展战略。那么国家在为此努力的同时，作为个人，青少年也应该担负起自己的社会责任共同推进这一战略的实施。

灿烂的中华文化

姜春梅

教材分析

“灿烂的中华文化”是人教版《思想品德》九年级第5课的第1框题。主要让学生了解源远流长、博大精深的中华文化，认识到中华文化是我国各民族人民在长期的历史过程中共同创造的，体会中华文化力量深深熔铸在民族的生命力、凝聚力和创造力之中，是中华民族百折不挠、生生不息的强大动力。了解薪火相传的中华传统美德是传统道德的精华，认识中华传统美德是随着时代和实践的发展而不断丰富和发展的。

教材首先通过探究活动，使学生增强对中华文化的感性认识，将学生的学习兴趣和思绪引到本课的主题上来。然后让学生认识到中华文化是我国各民族人民在长期的历史过程中共同创造的，并突出中华文化的力量；通过一个链接和中华文化的构成概括出中华文化“源远流长、博大精深”的特点。之后引出中华传统文化的地位，影响。强调传统道德的精华中华美德的品质，美德的内容和形式也是在不断的变化和发展的。

学情分析

随着世界多极化和经济全球化的不断发展，各种各样的文化相互交织、相互激荡。学生面对的文化有历史和现实的，外来的和本土的，进步的和落后的，积极的和颓废的，一些学生对中华文化、传统美德、民族精神的认同感有所减弱，甚至盲目崇拜外国的生活方式，这就要求我们要有意识的引导学生了解中华民族精神的巨大作用，了解中华文化的力量，地位和价值。引导学生树立正确的思想道德观念，消除个人主义、享乐主义、拜金主义等腐朽落后思想观念的影响，树立社会主义道德观，结合时代特点和要求弘扬中华民族灿烂的文化。

教学目标

知识目标

了解中华文化具有源远流长，博大精深的特点；了解中华文化对今天中国人的价值观念、生活方式和我国的发展道路具有深刻的影响，对推动人类进步和世界文化发展具有重要的作用。

能力目标

体会我国各族人民在长期的历史过程中共同创造中华文化的力程；把握传统美德的主要内容、特点。

情感态度和价值观目标

感受中华文化力量，形成中华文化的情感和价值观，在实践中自觉弘扬传统文化和传统美德。

教学重难点

重点：中华文化博大精深；中华文化影响深远。

难点：中华文化绵延不绝、历久弥新。

教学方法

提问法、讲授法、活动探究法、参与式和研究式教学。

教学流程及评析

导入新课：

电脑展示 2008 北京奥运会开幕式上的一组图片。

学生看完后思考：2008 北京奥运会开幕式向世界展现了什么？

（出示课题：灿烂的中华文化）

讲授新课

问题：提起中华文化，谁能说一说，你了解哪些中华文化？

生 1：我学习过唐诗宋词。

生 2：我背过论语、三字经。

生 3：我知道龙门石窟、敦煌莫高窟。

生 4：我去过西藏、看到了布达拉宫。

生 5：我这个假期旅游去了云南知道那里有好多的少数民族有自己的语音文字，风俗。

……

【此问题关注学生的兴趣和实践能力。】

教师总结：自古以来我国各民族人民相互团结，相互学习用自己的勤劳和智慧共同开发了祖国的大好河山，共同创造了灿烂的中华文化。

中华文化是由我国各族人民共同创造的（板书）

1. 通过在历史课上学到的知识我们知道，中华文明已经有多少年的历史了？

2. 你了解世界上一些其他文明是怎么消失的吗？

材料：巴比伦文化最悠久，但巴比伦国家早已夭折；印度的婆罗门文化极其辉煌，可创造文化的雅利安人却不是本土居民；玛雅的天文数学无与伦比，可这盛极一时的文化早已被湮没，留给后人千古不解之谜。中华文化虽历经沧桑，饱受磨难，却绵延不绝。

3. 和世界其他文明相比，中华文明为什么能够历经沧桑而历久弥新呢？（通过这几个问题的设计关注学生的基本观点的把握和贯通能力）

学生讨论后回答，同时多媒体展示汶川、映秀新面貌图片。

教师总结：几千年来，中华文明虽历经沧桑，饱受磨难，却绵延不绝，历久弥新。一个重要原因就是，文化的力量深深熔铸在中华民族的生命力，创造力和凝聚力之中。

中华文化的力量（板书）

中华文化有如此巨大的力量，接下来我们来看看中华文化的内容有哪些，看教材 65 页。

中华文化的内容（板书）

教师总结：从本页的相关链接我们能够感悟到中华文化源远流长，从中华文化的构成来看我们能体会到它的博大精深。从而我们来总结出中华文化的特点是：源远流长、博大精深。

中华文化的特点（板书）

一、中华文化　博大精深（板书）

教师：源远流长、博大精深的中华文化，是世界文化大花园中一朵璀璨的奇葩。中华民族创造的传统文化的地位如何？产生了怎样的影响？

材料一：中国的四大发明在欧洲近代文明产生之前陆续传入西方，对西方科技发展产生一定影响，印刷术的出现改变了只有僧侣才能读书和受高等教育的状况，便利了文化的传播；火药和火器的采用摧毁了欧洲中世纪天主教的思想枷锁。指南针传到欧洲航海家的手里，使他们有可能发现美洲和实现环球航行，为西方奠定了世界贸易和工场手工业发展的基础。四大发明，在人类科学文化史上留下了灿烂的一页。这些伟大的发明曾经影响并造福于全世界。

材料二：历史上越南、琉球和朝鲜半岛曾是中国王朝的一部分，并长期受中华文化的影响，所以有历史学家认为历史上的越南、琉球和朝鲜的文化亦属于中华文化，另外中华文化亦被日本部分人民尊称为“日本文化之母”，日本文化有选择的继承了中华文化。

材料三：

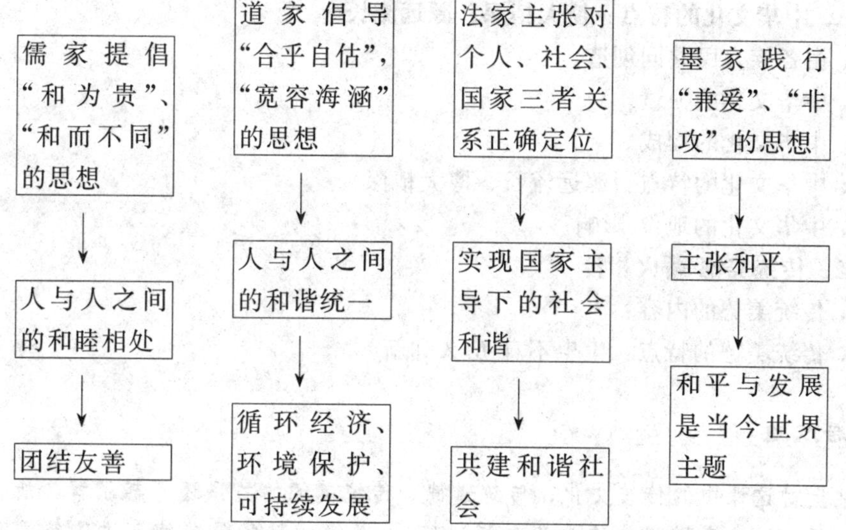

学生讨论以上材料，得出：

中华文化的影响：（板书）

（1）对今天中国人的价值观念、生活方式和中国的发展道路具有深刻的影响；

（2）对推动人类进步和世界文化的发展产生了重大的作用。

教师：在中华文化的内容中就包括了伦理道德，下面我们就单独了解传统道德的精华——中华的传统美德。

多媒体播放美德故事，这些美德故事分别反映了哪一传统美德？

学生再列举其他美德故事。

师生共同得出结论：中华传统美德具有丰富的内涵。

二、传统美德 薪火相传（板书）

1. 中华传统美德具有丰富的内涵，学生阅读 P67 上段文字总结美德的表现。

阅读 67 材料思考：南京路上好八连这一材料说明了中华传统美德有何特点？

学生回答。

2. 中华传统美德的特点：生生不息、历久弥新。

思考：你打算怎样弘扬传统美德？（关注学生的交往和实践能力）

生答：略。

教师总结：我们要了解中华文化 继承这些传统美德，使它们内化于我们的生活和血液之中，使之不断丰富和发展。

下面请同学们总结：

灿烂的中华文化

一、中华文化的特点：博大精深，源远流长

1. 由各族人民共同创造。

2. 中华文化的力量。

3. 中华文化的构成。

4. 中华文化的特点：源远流长、博大精深。

5. 中华文化的地位 影响。

二、传统美德 薪火相传

1. 传统美德的内容：

2. 传统美德的特点：生生不息 历久弥新

课后反思

学生对这课中的传统文化，传统道德，传统美德的关系还不甚了解，所以在讲的过程应该注意说明传统文化包括道德 ，道德的精华是美德。讲传统文化的目的就是让传统美德深入学生的心灵，形成浩然之气，化为他们的实际行动。

迷津指点

关注学生回答问题的思维视角，开阔学生视野，体会中华文化包罗万象，

引导学生对中华文化有个感性认识即可，不必深入挖掘，注意有机的过渡到下文的教学。可以结合学生平时的良好表现，挖掘蕴涵在其中的传统美德资源。

造福人民的经济制度

姜春梅

教材分析

“造福人民的经济制度”是人教版《思想品德》九年级第7课的第1框题。教材从百姓生活的变化引出“改革开放以来，我国经济建设取得巨大成就”开启下文。指出百姓生活水平逐步提高，我国经济建设取得巨大成就的过程与我国经济建设“三步走”发展战略目标的逐步实现的过程是一致的。继而点明“三步走”战略的内容及实现情况。

学情分析

这一框题中的基本经济制度、国有经济、混合所有制、集体经济、非公有制经济等很抽象，学生难以理解，所以在讲解时一定要把抽象的观点与鲜活的材料有机的结合起来，尽可能使观点由学生的生活经验得出。鼓励学生结合所学知识分析现实生活中的经济现象，增强学以致用的能力。

教学目标

知识目标

知道社会主义初级阶段基本经济制度的内容，了解国有经济、集体经济及非公有制经济的含义、地位。

能力目标

明确“三步走”发展战略；理解国有经济、集体经济基础和非公有制经济基础的不同作用，体会多种所有制经济相互促进、共同发展的道理。

情感态度与价值观目标

增强对党和社会主义的热爱之情，感受社会主义的优越性；感受不同所有制经济所具有的不同的作用，用平等的眼光看待非公有制经济。

教学重点

“三步走”战略的内容及实现情况，我国基本经济制度的掌握。

教学难点

毫不动摇地巩固和发展公有制经济，毫不动摇地鼓励、支持、引导个体、私营等非公制经济发展。

教学方法

讲授法、讨论法、比较法、反思法。

教学手段

多媒体。

教学流程及评析

导入新课：

（多媒体显示）材料：除夕之夜，小强一家人坐在一起看电视，爷爷深有感触地说："我年轻的时候，只能听广播。"爸爸接着说："我年轻的时候，要跑到几里外才能看一场电影。"小强自豪地说："现在，我可是秀才不出门，便知天下事啊！"奶奶兴奋地说："现在的生活真是芝麻开花——节节高哇。"

教师：大家还能举出哪些体现我国人民生活水平提高的例子吗？

学生：衣、食、住、行、通信……

教师：改革开放以来，我国的经济建设取得了巨大成就，人民过上了比较富裕的生活。这些都得益于我国现行的经济制度。

讲授新课

活动一：感受身边变化，了解我国经济社会发展"三步走"的战略。

（多媒体显示教材 P88 的小栏目"杨妈妈与女儿的账本"）杨家的账本反映了我国的经济生活发生了怎样的变化？从账本记载的内容、方式等方面，比较杨妈妈与女儿的账本有哪些差别？这些差别说明了什么？

教师：改革开放以来，我国经济建设取得了巨大成就，既体现在祖国的巨大变化上，也体现在我们的日常生活中。

学生：谈谈家庭或本地区所发生的变化。

教师：之所以有这么大的变化，是因为我国采取了"三步走"战略，究竟"三步走"战略是什么？请阅读课本，然后结合下图思考。

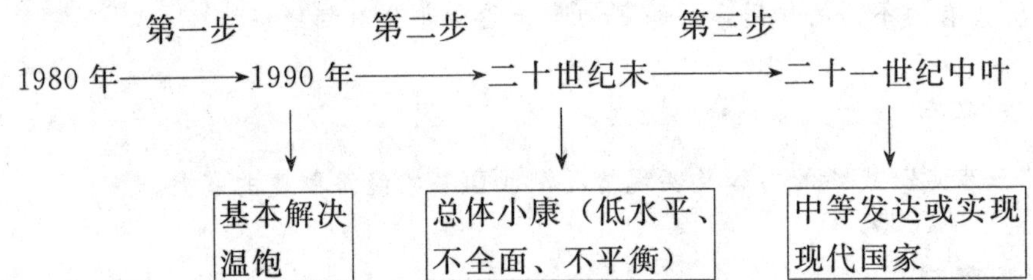

（板书）

学生：略。

教师："三步走"发展战略是根据什么定的？

学生：略。

教师：是根据我国的基本国情制定的。为了更好地实现"两个 100 年"的目标，我国正在实施第三步走战略，并且走上了快速发展的道路，那么我国经济建设取得如此成就，原因有哪些呢？

学生：坚持中国共产党的正确领导、坚持党的基本路线不动摇、全国人民的努力……

教师：还有一个重要原因就在于我国有一个充满生机与活力的经济制度。那么我国现行的经济制度是什么？我国的经济存在形式又有哪些？先思考"宝钢"材料，然后回答课本问题。

学生：略。

教师：宝钢是由谁投资的？

宝钢在钢铁行业中起什么作用？像“宝钢”等关系国民经济命脉的重要行业还有哪些？

学生：银行、石油、电力、交通、通信……

教师：这些行业主要由国家控制，说明国有企业拥有雄厚的经济实力和先进的技术设备，积聚着我国最先进的生产力，是国民经济的主导力量。但除国有经济外，我国的集体经济也占有重要的地位，请看位于北京郊区的韩河村……

学生：集体经济可以广泛吸收分散资金，缓解就业压力，增加税收……

教师：国有经济和集体经济确实占有非常重要的地位，在公有制经济中我们还应该了解混合所有制中的国有经济和集体经济它们也是公有制经济的组成部分不能忽视。

材料展示：混合所有制经济中的国有成分和集体成分：深圳中兴股份有限公司的股份构成中，国有股36%，社会法人股31%，社会公众股33%的股本结构。依托“国有控股，授权经营”的混合经济发展模式，从一个原始投资300万元的小企业，经过16年的发展，年销售额发生巨大突破。

那么我国是否只有这些经济形式？还允许其他的经济形式存在吗？

学生：允许。

教师：大家说说看，还有哪些形式？

学生：个体经济、私营经济……

教师：大家试举一个个体经济的例子，并结合该例子说说为什么我国还要允许个体、私营等这些经济形式存在？

学生：街边的小卖部、菜市场的卖肉户……

教师：它们都有些什么作用？

学生：方便人民生活、增加就业、增加税收……

活动：请运用所学知识和自己在生活中的观察，填写下表：

单位	所属经济成分
一位外商投资的皮鞋厂	
陈雨自己开的杂货铺	
李娅就职的中国石油化工总公司	
孙跃就职的镇办饲料加工厂	
小王自己投资创办的服装厂	

教师：是的，个体经济、私营经济等都有利充分调动各方面的积极性，加快生产力的发展，因此我国也允许这些经济存在。通过上述分析，我国的基本经济制度是什么呢？

教师：通过以上分析我们可以看出我国的基本经济制度是：以公有制为主体、多种所有制经济共同发展。

教师：它的确立是由什么决定的?

它的确立是由我国社会主义性质和基本国情决定的。因此，在社会主义现代化建设的进程中，我们不能把两者的关系对立起来，在市场竞争中各种所有制可以发挥各自优势，互相促进，共同发展。形成各种所有制经济平等竞争、相互促进的新格局。要毫不动摇地巩固和发展公有制经济，毫不动摇地鼓励、支持、引导个体、私营等非公制经济发展。

【课堂小结】

通过这节课的学习，我们知道了什么是“三步走”，也懂得了社会主义初级阶段的基本经济制度和国有经济、集体经济以及非公有制经济的地位、作用。作为年轻的一代，我们要努力学好科学文化知识，为将来投身我国经济建设奠定基础，让我们一起努力，共创美好的明天。

板书设计

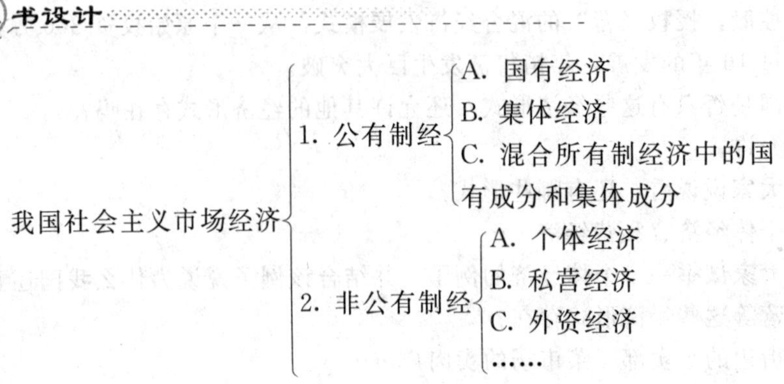

课后反思

本节课从学生的实际经验出发总结出抽象的理论，认知效果良好，学生理解了现阶段我国为什么要坚持这样的基本经济制度。能区分开国有、集体、个体、私营经济。

迷津指点

从“三步走”战略可以看出，这三步是相互衔接的，目标的追求包括两个维度即国民生产总值和人民的日常生活，也能看出这个战略目标是渐进的需要通过长期的艰苦努力才能实现。

引导学生结合我国生产力实际水平、社会主义制度思考我国现阶段为什么只能实行以公有制为主体、多种所有制经济共同发展的基本经济制度。

启发学生认识到科学合理的经济制度，能充分调动人们的生产积极性，促进生产发展。

第二部分

初中历史人教版

教学设计说明

“面向全体学生，从培养学生的历史素养和人文素养出发，遵循历史教育规律，充分发挥历史教育功能，使学生掌握中外历史基础知识，初步学会学习历史的方法，提高历史学习能力，逐步形成对历史的正确认识，并提高正确认识现实的能力，达到课程目标的要求。”是2011版义务教育阶段历史课程总的设计思路。

教师是课堂教学活动的组织者和指导者，灵活的组织方式会给教学带来意想不到的效果，促进课程目标的实现。新课程改革提出了“把课堂还给学生”“让课堂充满生命活力”的教学理念，这种理念要求把教学看作是学生在教师引导下进行的反思性的、批判性的、探究性的活动。如何在历史课堂教学中，以传授知识为载体，按照以人为本的教育思想和学生的认知规律，培养学生的创新意识和创造性能力，使他们真正成为学习的主人，是每一个教育工作者关注的核心问题。下面这17个教学设计会给我们带来有益的启发。

原始的农耕生活

刘　洁

教材分析

本课是人教版初中历史教材，七年级（上）第2课的内容。在距今一万年左右，我国出现了原始的农耕，南北方都出现了原始农耕，自然条件十分不同，所以地方的耕种特点也是不同的。河姆渡人创造了以水稻种植为主的长江流域农耕经济的典型的水田农业。半坡居民创造了以粟种植为主的黄河领域农耕经济的典型的旱地农业。随着农耕的发展，对家畜饲养业，手工制陶和纺织业有了促进与带动作用。

大汶口原始居民时期，由于社会生产力得到了大力的发展，逐渐出现了贫富分化，出现了阶级，原始社会逐渐走向了瓦解。

本课分为三个小题目，第一个是河姆渡的原始农耕，介绍了长江流域原始农耕的生产水稻和他们的生活方式。第二个是半坡原始居民的生活，介绍了我国陕西附近的半坡村居民的生产生活情况。第三个是大汶口原始居民，社会生产力发展了起来，社会发生了巨大的变化。

学情分析

学生刚刚接触初中的历史学习，会有很大的兴趣，但是很难使其深刻的理解，所以在教学方法上以多种多样的感官形式，激发学生的思考能力，培养独特的思考方式，教学的过程中加强对图片等教学工具的设置，努力去提高学生的学习能力。采取小组同学讨论，发言表达自己的观点等学生自主参与历史学习的方法，让课堂的气氛活跃起来，让学生在课堂上学得开心，课下记得牢固，加深理解。

设计理念

本课是距今历史较为久远的原始农耕时代的发展，介绍我国原始的农业耕种史，学生的兴趣并不是十分的浓厚。所以要讲述出原始农耕这一步迈出的伟大意义，一直造福于我们。本课课标的要求是通过本课的学习，使学生在了解中华文明起源的过程中知道我国原始农耕经济的主要情况，包括河姆渡、半坡，大汶口原始居民的生产和生活，我国的文明起源于原始农耕经济。

让学生逐渐认识我国原始农耕文化的先民在自己劳动成果中体现出的智慧，他们对人类物质社会的贡献，让学生怀有对祖先的敬佩之情。

教学目标

知识目标

了解在中华文明起源中我国原始农耕经济的主要情况，了解中华文明处于起源阶段时原始农耕经济的发展水平，认识其发展对中国远古时代社会进步的重要意义。

能力目标

能初步观察历史文物图，寻找图中较为明显的、主要的历史信息，解释图中历史信息，归纳出简单的或主要的历史结论的能力。

情感态度与价值观目标

认同创造出我国原始农耕文化的先民们在自己劳动成果中体现出的智慧与淳朴的情感，进而激发或增强学生对祖国历史和文化的认同之心，对中华民族祖先的尊敬之情。

教学重点

河姆渡，半坡原始居民的农耕生活。

了解两种农耕生活的特征，都是原始种植农业普及，磨制石器的使用，制造陶器，定居村落，河姆渡原始居民以水稻种植为主的水田农业，半坡原始居民是以粟种植为主的旱地农业。播放相应的课件，图片展示，给学生视觉上深刻的印象，增强教学的形象性，加深理解和学习。

教学难点

私有财产，贫富分化和阶级的出现。

教学流程及评析

(一) 导入新课

多媒体展示：河姆渡遗址出土的稻粒。

半坡遗址出土的菜籽和粟的朽粒

原始居民饲养家畜

从以上的图片中，同学们能描述原始居民的生活情景吗？

学生争先恐后描述着：当时的原始居民们能够种田、饲养家畜，已经掌握纺织技术等，从而营造浓浓的实践学习的气氛。

教师说明，农耕的出现是人类历史上一件划时代的大事。最早的农耕技术是怎样掌握的呢？原来，妇女们在采集果实的时候，偶然发现果实落地可以在地上发芽，生长成果子，这种有意识地人工耕种就开始了。

（二）讲授新课

1. 河姆渡的原始农耕。

① 河姆渡原始居民？（多媒体展示出河姆渡遗址，浙江余姚河姆渡村，位于长江流域）距今七千年的河姆渡原始居民创造了长江流域农耕经济的典型——以水稻种植为主的水田农业。他们利用磨制过的石器，叫作耒耜，种植水稻。

② 教师问：河姆渡遗址出土了大量的稻谷说明了什么？

学生回答：说明我国的河姆渡原始居民掌握了水稻种植的技术，南方地区的地质特征适合水稻的生长，产量比较大，农业生产是生活的重要的来源。

教师强调世界之最：我国是世界上最早种植水稻的国家。

③ 河姆渡原始居民有了耕种的工具，他们是什么样子的呢？怎么使用的呢？

多媒体展示图片：

河姆渡遗址出土的石斧和石锄

④ 河姆渡原始居民是否有着自己的房屋建筑？农耕需要定居的生活。居民住着干栏式的房子，上面住人，下面养牲畜，通风防潮，这是建筑学上的一个重大成就。

多媒体展示图片干栏式房屋：

同学们，干栏建筑是南方少数民族的建筑风格，现在仍然在一些地区盛行，谁知道主要是什么民族还保留着这种建筑风格？

这种建筑适合那些居住于雨水多比较潮湿地方的人，现在主要流行于壮族居住的比较偏远的地区。

⑤ 河姆渡原始居民可以自己挖水井，这有什么好处？

学生回答：使得居民饮水方便了，改善了他们生活，提高了生活的质量。

2. 半坡原始居民的生活。

① 半坡原始居民？（多媒体展示出半坡遗址，陕西西安附近的半坡村，位于黄河流域）半坡原始居民创造出了黄河流域农耕经济的典型——以粟种植为主的旱地农业。什么是粟？俗称小米。

② 半坡居民在耕种工具上与河姆渡居民有哪些不同？半坡居民普遍使用磨制的石器，用磨光的石器和木制的工具来开垦土地，用石刀收割庄稼。

③ 半坡居民耕种的农业作物与河姆渡居民的截然不同，那他们的作物是什么呢？学生回答，他们主要作物是粟。

教师强调世界之最：我国是世界上最早的种植粟的国家。

④ 半坡居民耕种的农业作物与河姆渡居民的农业作物为什么会截然不同？因为地理位置的原因，河姆渡居民处于长江流域，适合喜湿热的水稻，而半坡居民位于黄河流域，适合喜旱的粟。

⑤ 半坡居民饲养的动物？饲养猪狗这些动物，利用骨头制作成箭头、渔叉、渔钩打猎捕鱼。

⑥ 半坡居民的住房建筑也是十分特别的，与河姆渡原始居民干栏式的房子有何区别？半地穴式的房屋，内设有灶坑，可以煮食物，和取暖。

⑦ 半坡居民的原始手工业？文化艺术？制造彩陶，纺线，织布，制衣，陶器上刻画符号。

3. 大汶口原始居民。

① 大汶口居民？其发展的手工业？距今约四五千年的山东大汶口原始居民。

陶器有黑陶，白陶。

② 社会生产力的发展，出现了贫富差距？由于社会生产力的发展，私有财产和贫富分化出现了，有的墓随葬品十分丰富精美，有的墓却一无所有。在生产力发展过程中，随着剩余产品的增多，为了争夺更多的土地和财产，各氏族之间开始了战争，出现奴隶和战俘，所以贫富差距加大，出现了对立的社会阶层，原始社会开始解体了。

（三）小结

原始的种植给人们带来了定居的生活，磨制的耕种工具提高了生产力。

（四）板书

原始农耕的出现　表现在→工具（磨制石器，耒耜）
　　　　　　　　　　　　农作物（南稻，北粟）
　　　　　　　　原始畜牧业→渔猎与饲养猪、牛、羊
　　　　　　　　原始手工业→制陶、玉器（原始艺术）
　　　　　　　　　　　　　纺织业（纺线织布制衣）

教学反思

1. 充分运用课件，图片等材料，加强课本知识的鲜活化。让学生积极参与课堂的教学活动过程，提高学生的思维能力，培养学生的自主学习能力，在老师的引导下认真思考。

2. 本课的内容较多，学生并不是十分感性，所以以各种感官形式，去激发学生的学习兴趣。

中华文化的勃兴

刘　洁

教材分析

本课选自人教版初中历史教材七年级（上）第 9 课。春秋战国时期，社会发生了大变革，在思想方面出现了百家争鸣的局面。百家争鸣，各家彼此吸收、融合，逐步形成了中国的传统文化体系。“百家争鸣”是中国历史上第一次思想解放运动，是中国学术文化、思想道德发展史上的重要阶段，奠定了中国思想文化发展的基础。

本课有三个小题目，第一个是大思想家、大教育家孔子，介绍了孔子的思想主张和教育成就。第二个是思想家老子，介绍了老子的主要的思想主张及《道德经》。第三个是百家争鸣，介绍了这一时期的儒、墨、道、法家的思想主张。

学情分析

学生在小学时期，多多少少接触过孔子，但是并不是十分理解孔子的思想意义，但是对于孔子的时代背景还是有所了解的，所以在本节课，介绍了许多的思想家，给学生正在心理上追求独立认识的时期产生了难以理解的效果。因此鼓励学生多发表自己的看法，老师多加引导，丰富教学的方法，感染学生，让学生尽可能地接受，理解。

设计理念

本课是介绍我国的百家争鸣的大变革的，这一时期是有十分重大的历史意义的。

教学目标

要求重点掌握孔子的政治思想和教育成就，了解老子等其他思想家的军事主张。启发学生认识到社会存在决定社会意识，社会意识是社会存在的反应，提高学生的学习能力。树立学生良好的学习风气，养成良好的学习习惯。

教学目标

知识目标

知道甲骨文、金文等字体，知道汉字的演变；了解夏朝和商朝的历法、战国的24节气；知道扁鹊的成就；了解屈原和编钟。

能力目标

形成收集、处理、运用资料、提取有效信息的能力。

情感态度与价值观目标

了解我国劳动人民在古代就创造了辉煌的文明，形成民族自豪感和民族自信心；了解古代科技成果，形成严谨的治学态度。

教学重点

孔子和百家争鸣。课前让学生收集孔子的思想主张，阐述自己的理解，自己动手制作表格，主动的总结各学派的主要思想。教师自行讲解，以表格的方式，让知识点中的重点一目了然。

教学难点

老子的哲学思想和百家争鸣的背景，各学派的思想主张。老子的思想主张很深奥，学生难以理解，所以可以通过讲寓言故事的方式来提高学生的兴趣，加强理解，创造情景层层深入，理解一定时期的思想文化是一定时期经济，政治发展的反应。加强对各学派思想主张的理解。

教学流程及评析

（一）导入新课

多媒体展示图片：

孔子前551—前479

祭孔大典

日本孔庙

祭孔，是华夏民族为了尊崇与怀念至圣先师孔子，而主要在孔庙举行的隆重祀典，两千多年来从未间断，成为世界祭祀史、人类文化节史上的一个奇迹。孔子的思想影响了一代又一代人，孔子被誉为世界十大文化名人和十大思想家之一，世界各地都建有孔庙，那么孔子有哪些思想主张呢？我们这节课来找找答案。

（二）讲授新课

1. 大思想家、大教育家孔子。

同学们，我们对孔子并不陌生，关于他的思想主张、主要贡献、教育经历等等，你都了解哪些呢？我们不妨都说说。

学生们七嘴八舌，课堂气氛及其活跃，待学生回答后教师出示表格总结。

思想主张："仁""爱人""为政以德"。

教育对象：有教无类。（创办私学）

教育主张和教学方法：因材施教。

学习态度：知之为知之，不知为不知。

学习方法：温故而知新。

文化成就：整理古籍《诗经》、《尚书》、编《春秋》。

言论记录在《论语》。

①简介孔子：孔子名丘，字仲尼，鲁国人，他是儒家学派的创始人，是伟大的思想家，教育家。

②孔子的思想主张？他主张“仁”，“仁”包含一切的美德，仁者爱人，要求统治者体察民情，爱惜民力“为政以德”，反对苛政。如何才能做到“仁”？“己所不欲，勿施于人”。

③孔子的教育成就？创办私学，广收门徒，不问出身。因材施教。讲求温故知新，学习态度要端正。

④孔子及儒家的影响？孔子被后世称为万世师表和至圣。经过后代的改造和发展，儒学的体系更加完整了，儒家思想更能适应社会的需要，战国后期，儒学发展成为诸子百家中的蔚然大宗。孔子的学说成为封建文化的正统思想，在中国传统文化中占有重要地位，对后世影响极大。

2. 思想家老子。

①老子的介绍？谥曰聃，姓李名耳，字伯阳，楚国人，老子是道家学派的创始人。

②老子的思想主张？老子的《道德经》中，可以体现朴素的辩证法，老子认为事物都是对立的，对立双方能够相互的转化，可见老子善于从正反两方面思考问题。

3. 百家争鸣。

①百家争鸣出现的背景？

其一，政治因素。当时处于社会大变革时期，社会动荡不安，各诸侯国林立纷争。各诸侯国的国君为了在争斗中取得霸主地位，竞相招贤纳士，运用不同思想学说以使自己的国家富足强大起来。这便给百家争鸣创造了一个宽松的学术氛围。

其二，经济因素。当时经济有了极大发展，这使得有某些人成为有闲阶层，有时间从事自己的学术活动。

其三，科技因素。科学技术取得了较大进步，如天文学、数学、光学、声学、力学、医学等方面在当时均达到较高水平。这些科技成果标志着人们认识水平的提高，丰富了人的精神世界和物质生活。

其四，学术自由因素。各学术团体与政治权势是相对独立的。他们虽从不同的社会集团的利益出发，纷纷著书立说，议论时事，阐述哲理，各成一家之言，但是他们并非政治附庸，依附于某个政治权势集团，而是“用我则留，不用我则去”。

此外，各个学派之间、同一学派的不同流派之间，既相互斗争又相互学习和借鉴。这也是促成百家争鸣的另一重要因素。

②墨家创始人？思想主张？墨子，主张兼爱，非攻，尚贤，希望人们互助互爱，反对以大欺小，以强凌弱的侵略战争，支持正义战争。

③儒家战国时期的代表人物？主要思想？孟子，提出春秋无战，要求仁政治国，轻徭薄赋。

④道家的代表人物？主要思想？庄子，顺其自然的治理国家，无为而治。

⑤法家代表人物？思想主张？韩非，主张改革，反对空谈仁义，提倡法治，他提出的建立君主专制中央集权的封建国家，深受秦国国君的赏识。

⑥兵家的鼻祖？代表作？春秋晚期的杰出的军事家孙武所著《孙子兵法》，是世界上最早的兵书，“知己知彼，百战不殆”的军事格言出自于此书。

（三）小结

百家争鸣是我国历史上第一次思想大解放，促进了中华文化的发展，让我们在文化的博大精深的思想中继续探索，让我们传承下去。

（四）板书设计

派别	代表人物	时期	著作	主要思想
儒家	孔子	春秋晚期	《春秋》 《论语》	思想：仁，为政以德 教育：兴办私学，因材施教，温故知新
	孟子荀子	战国		仁政
道家	老子	春秋晚期	《道德经》	一起事物都是对立的，对立双方可以转换
	庄子	战国		无为而治
墨家	墨子	战国		兼爱、非攻、尚贤
法家	韩非	战国		法治，改革，建立君主专制中央集权的封建国家
兵家	孙武	春秋晚期	《孙子兵法》	知己知彼，百战不殆

教学反思

本课的内容较多，各学派的人物和思想，学生掌握的并不牢固，人物多，思想各有不同，应该以表格的方式介绍给学生，看起来一目了然，便于理解和记忆。

采用多种方法创设历史情境，用学生喜闻乐见的方式去呈现，让学生组成小组，讨论学习，使课堂的气氛比较活跃。

大一统的汉朝

……………………刘　洁

教材分析

本课选自人教版初中历史教材七年级（上）第12课。汉朝刚刚建立之初，经济萧条，汉高祖，汉文帝，汉景帝，相继吸取着秦朝灭亡的教训，休养生息，社会经济恢复发展，出现了文景之治，董仲舒提出“罢黜百家，独尊儒术”的观点。

本课分为三个小题目，第一个是文景之治，介绍了西汉初年，经济不景气，采取了一系列的措施恢复了社会的经济。第二个是汉武帝的大一统，介绍了汉武帝实现大一统统治方面的思想和措施，肯定了大一统局面的历史地位。第三个是整个东汉的统治，小字部分加以了解。

学情分析

关于汉朝的书籍和影视作品在现今较为常见，学生多少有所了解，对于汉朝有一定的兴趣，乐于学习，本课的内容介绍了汉朝的几个方面，但是知识容量很大，所以要从多个角度入手，逐步深入，多角度分析知识，多角度传授给学生，让学生更容易的理解知识。

设计理念

本课介绍了汉朝的大一统，从最初的经济调整，到稳定大一统的局面。本课的教学目标要求，通过本课的学习，使得学生了解两汉兴衰的基本脉络，掌握文景之治，汉武帝的大一统，光武中兴，东汉后期外戚和宦官交替专权等基本史实。通过本课，使得学生了解，汉武帝的大一统不仅是西汉强盛的顶点，也是中国封建时代的第一个鼎盛局面，它对于统一的多民族国家的巩固和发展有着十分重要的作用。

教学目标

知识目标

了解西汉兴衰的基本脉络，掌握文景之治，汉武帝的大一统，光武中兴，东汉后期外戚和宦官专权等基本史实，培养学生归纳能力、探究能力和评价历史人物的能力。

能力目标

在合作、探究、讨论，形成进一步掌握分析历史问题和解决历史问题的方法。

情感态度与价值观目标

认识汉武帝时期是西汉的鼎盛时期也是封建时代的第一个鼎盛局面，认识统一多民族国家巩固发展的重要作用。

教学重点

汉武帝的大一统。

通过课件的材料展示，图片的展示，让学生认识到汉武帝的大一统不仅是西汉强盛的顶点，也是中国封建时代的第一个鼎盛局面，它对于统一的多民族国家的巩固和发展有着十分重要的作用，大一统是中华民族民族性格的重要组成部分，是中国历史发展的主流。

教学难点

“罢黜百家，独尊儒术”。

介绍这个政策的缘由起因，通过课件，或者相关的汉朝的史料，影视作品，让学生来理解，直观的接受，多角度的分析，适合不同的学生。

教学流程及评析

一、导人新课

播放汉朝的影视作品，引发学生的兴趣，汉武大帝在我国的历史上有过许多的辉煌，那么他到底是如何所为的呢?

二、讲授新课

1. 文景之治。

皇帝出行的马车都配不上毛色一致的四匹马，只能乘坐牛车出行，这一现象，体现出了西汉初年的什么社会状况?西汉初年，经济萧条。

汉高祖，汉文帝，汉景帝，相继吸取秦朝灭亡的教训，做出了哪些政策来恢复社会的经济?减轻农民的徭役，兵役和赋税负担，重社发展农业生产。奖励耕作的农民，提倡节约。

什么是文景之治?文景时期，重视以德化民，社会较为安定，百姓富裕了起来，国家的粮食、国库都十分的丰富了，这一时期的统治为“文景之治”。

2. 汉武帝的大一统。

大一统的背景?汉武帝即位之初，一方面政治形势比较稳定，国家经济状况也相当好，另一方面诸侯王国的分裂因素依然存在，潜在威胁还不小。所以，他在继续推行景帝各项政策的同时，采取了一系列强化中央集权的措施。

汉武帝在政治方面的措施？在政治方面，采纳主父偃的建议，颁布“推恩令”，削弱汉初分封的诸侯国势力，加强监察制度等。汉武帝还变古创制，包括建立了一套系统完整的政治制度，成为此后两千年间中华帝国制度的基本范式。

汉武帝在军事方面的措施？对外友好：在军事方面，主要是集中兵权，充实了中央的军事力量；改革兵制。派卫青，霍去病出击匈奴，使北部边郡得以安定，派张骞出使西域，开阔了西北边疆：开通了西汉联系西域以至中亚等地通道。

汉武帝在经济方面的措施？在经济方面，采取重农轻商，整顿财政，将冶铁、煮盐收归官营，禁止郡国铸钱，统一铸造五铢钱，大大增强了国家经济实力。同时兴修水利，有利于农业生产的发展。在经济方面还有一条重要的举措，就是将当时的货币进行统一。

汉武帝在思想方面的措施？在思想方面，采纳董仲舒的建议，罢黜百家，独尊儒术的建议，使儒学成为了中国社会的正统思想，大力推行儒学，在长安设太学。儒家学说成为中国封建统治正统思想，一直延续了两千多年，对后世中国政治、社会、文化产生了深远的影响。

汉武帝实现了大一统？武帝时期，西汉王朝在政治，经济，军事和思想上实现了大一统，开始进入鼎盛时期。

3. 东汉的统治。

西汉后期，政府腐败，社会动荡。公元 25 年，西汉皇族刘秀称帝，定都洛阳，史称为东汉，刘秀就是光武帝，他在位时出现了一个社会稳定，经济发展的时期“光武中兴”，东汉中期以后，由于外戚宦官交替专权，政治黑暗，农民起义爆发，东汉政权名存实亡。

三、小结

本课的知识容量大，较为繁多，让学生跟住老师的思维引导，一步一步走入知识的讲解中，了解记忆汉朝的历史。

四、板书设计

大一统　原因　客观：文景之治奠定了经济基础
　　　　　　　主观：雄才大略，善用人才
　　　　措施　政治：削弱诸侯国
　　　　思想　“罢黜百家，独尊儒术”兴办太学
　　　　意义　西汉进入鼎盛时期，中国封建时代第一个鼎盛局面

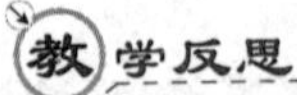

多以图片、故事等学生感兴趣，善于接受的方式向学生介绍历史，活跃气

氛，激发学生的学习兴趣，有了兴趣学生才会更好的接受、理解历史知识。

多开展活动与探究，培养学生的阅读分析归纳的能力，锻炼学生的思维。

三国鼎立

刘 洁

教材分析

本课选自人教版初中历史教材七年级（上）第 18 课。东汉末年军阀混战，三国形成。它的出现是历史的一大步，也是西晋后来统一的重要奠基。

本课分为三个小题目，第一个是官渡之战，介绍了曹操和袁绍的战争。第二个是赤壁之战，介绍了孙权和刘备联手打败了曹操，此次战争的影响。第三个是三国鼎立的形成，介绍了三国形成的过程和经济的发展等问题。

学情分析

此课的学习，介绍了学生较为感兴趣的三国历史知识，比如三国演义是四大名著之一，它被多次翻拍成电视剧、打造成游戏，有许多学生们喜闻乐见的方式可以了解这段历史，所以在教学方面，要尊重历史，给学生一个较为轻松的环境学习。

设计理念

本课介绍在东汉末年各地出现许多割据一方的军阀，他们彼此长期混战。经过持久的战争，终于三国鼎立的局面形成了。

本课的教学目标要求通过本课的学习，使学生掌握官渡之战和赤壁之战的历史作用，曹操能够统一北方的原因，赤壁之战曹操失败的原因以及三国鼎立的形成的原因。

通过对本课的学习，三国鼎立的局面形成的原因分析，使学生认识到每一个历史事件发生都会有客观的条件促成的。学生在评价历史人物的时候，主要看他们是否推动了社会的进步教学目标。

教学目标

知识目标

掌握官渡之战和赤壁之战的历史作用、曹操能够统一北方的原因、赤壁之战曹操失败的原因以及三国鼎立局面形成的原因。

能力目标

形成透过历史现象抓住本质的能力。

情感态度和价值观目标

初步形成马克思主义历史观，正确认识杰出人物在社会历史发展中的作用和地位。

教学重点

官渡之战，赤壁之战，三国鼎立。

教学难点

辩证的评价曹操，诸葛亮等历史人物，正确的认识三国鼎立是历史的进步。

教学流程及评析

一、导入新课。

播放影视剧《三国演义》的主题曲，展示本课的标题“三国鼎立”及歌词，让学生回答，“英雄”指哪些人物，“成败”又涉及到哪些历史事件？同学们将在这节课中找到答案。

滚滚长江东逝水
浪花淘尽英雄
是非成败转头空
青山依旧在
几度夕阳红

三国鼎立

二、讲授新课

1. 官渡之战

官渡之战的背景？

结合材料：

材料一：“东汉末年，人口由“光武中兴”时的5300万，锐减到东汉末年的760万。”

材料二：白骨露于野，千里无鸡鸣。——曹操《蒿里行》

学生回答后教师总结：东汉末年，朝政腐败，外戚宦官专权，天灾人祸不断，终于酿成黄巾农民大起义。起义虽被镇压下去了，东汉王朝却已分崩离析，名存实亡。天下群雄割据，战乱不休，民不聊生，尸横遍野。

官渡之战的过程？

此处学生大多了解一些，但是对地理概念含混不清，所以出示“官渡之战形势图”：

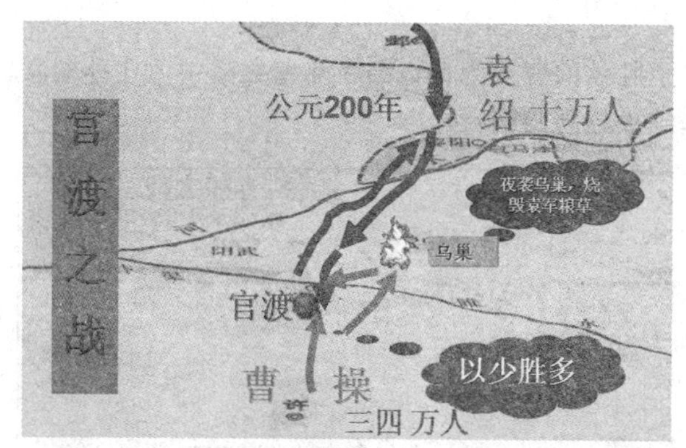

公元 200 年，袁绍率十万大军，进攻曹军，主力直逼曹军所在地官渡。曹军只有三四万人，双方交战互有胜负，后来，曹操采纳谋士的计策，袭击远距屯粮处，火烧全部粮草，袁军军心动摇，曹军趁机进攻，打败袁军。袁绍带领数百骑兵狼狈的逃回了河北。

官渡之战的影响？官渡之战使袁曹双方力量转变，是当时中国北部由分裂走向统一的一次关键性战役，增强了曹操的实力。官渡之战是汉末乃至中国史上有名的以少胜多的战役，也是曹操与袁绍争夺北方霸权的转折点，官渡一战之后，曹操终于一反之前对袁绍的劣势，为自己统一北方奠定了基础。

提出讨论题：曹操为什么能统一北方？

分组讨论后，总结得出：

（1）政治上：挟天子以令诸侯，重用人才。

（2）经济上：实行屯田，重视农业。

（3）军事上：取得官渡之战的胜利，为统一北方奠定了基础。

曹操统一北方后，是否完全完成了他的全部政治愿望呢？

请看材料：

“神龟虽寿，犹有竟时。腾蛇乘雾，终为土灰。老骥伏枥，志在千里。烈士暮年，壮心不已。”——曹操《龟虽寿》

曹操时年已经 53 岁，但仍旧有远大的志向，那么他的志向是什么？

学生回答：统一全国。

他要完成统一全国的政治愿望，必须面对的政治对手是谁呢？

学生回答：孙权和刘备。

2. 赤壁之战。

对于赤壁之战的背景及经过，学生特别熟悉，这里有着千古流传的经典故事，同学们自行讲述。

于是，课堂的气氛极其活跃，一系列故事脱口而出：三顾茅庐，蒋干盗书，草船借箭，苦肉计，连环计，借东风，火烧赤壁等。

教师在点评学生的故事及战役的经过后，出示《赤壁之战形式图》并提出问题：

官渡之战打了胜仗的曹操为什么会在赤壁之战中败在孙刘联军手里？

学生回答基础上教师归纳：

赤壁之战的影响？赤壁之战，初步奠定了三国鼎立的局面，也初步实现了诸葛亮《隆中对》给刘备制定的第一阶段的目标。曹操没有实现吞并荆州和江东的目的；孙权扩大了地盘，巩固了江东根据地；成就最大的是刘备集团了。刘备奋战半生，在北方从未能取得个立足之地。如今据有半个荆州，有了个安身立命之处。赤壁之战，对三国新局面的出现，起了决定性的作用。

3. 三国鼎立的形成。

三国各控制什么地方？曹操守黄河一带，不敢轻易南下，孙权在长江中下游的势力得到了巩固，刘备趁机占领湖北，湖南的大部分地区。

三国鼎立的局面是怎么形成的？220 年，曹丕自称皇帝，国号魏，定都洛阳，东汉结束。221 年，刘备在成都称帝，国号汉，史称蜀。222 年孙权称王，国号吴，后定都建业。三国鼎立的局面最终形成了。

三国的统治者对经济的重视？兴修水利，丝绸纺织业发达，造船业的发展。

三、小结

本课介绍了促成三国鼎立的重要战役，有很强的历史感，贴合学生的兴趣，多激发学生的参与。

四、板书设计

军阀割据　袁绍，曹操→ 官渡之战

曹操（统一了北方），孙刘联军→ 赤壁之战

三国鼎立　　魏蜀吴

教学反思

本课多为利用影音资料，激发学生的兴趣，把学生对于三国的了解，进行系统化，

对于历史人物的评价，更为客观化，促进学生间的交流，让学习变得更为有意义。

中外的交往与冲突

……刘 洁

教材分析

本课选自人教版初中历史教材七年级（下）第16课。自古以来，我国都是世界上最发达的国家，在与其他国家的往来中，多多少少也是有矛盾和摩擦的，但是这种对外的交往观点体现出了当时处于封建社会的中国，受到了世界发展潮流的冲击。

本课分为三个小题目，第一个是“郑和下西洋”，介绍了下西洋的过程和影响。第二个是“戚继光抗倭”，介绍了我国历史上抵御外侮的第一次胜利。第三个是介绍了葡萄牙殖民者攫取了我国澳门的居住权，开始了殖民活动。

学情分析

在教学过程中，利用文字，图片等激发学生的热情，让他们加深对知识的理解，活跃课堂的气氛。

设计理念

本课内容以海洋为线索，以郑和的名言“欲国家富强，不可不顾虑海洋，财富取之海洋，威胁也来自海洋”为过渡，从2008北京奥运会数千演员表演的“海上丝绸之路”、“郑和下西洋”等场景片段导入新课，让学生学会从身边熟悉的事物开始了解历史，学会运用探究合作的方式学习历史，并初步学会运用历史知识解决现实问题的能力。

教学目标

知识目标

概述郑和下西洋、戚继光抗倭、葡萄牙攫取澳门的居住权等基本史实，掌握明朝前期主动后期被动的外交特征。

能力目标

形成图文分析归纳的能力。

情感态度与价值观目标

形成民族自豪感和民族责任意识。

教学重点

郑和下西洋；戚继光抗倭。

教学难点

如何记忆本课设计的时空概念和古今地名，将路线图展示出来，让学生有想象的空间，把历史事件与实践紧密地联系起来，从而形成准确的时空概念。

教学流程及评析

一、导入新课

多媒体播放《美丽的奥林匹克》中高科技与数千演员表演的“海上丝绸之路”、“郑和下西洋”等场景片段。

师：600 多年前，明朝的郑和 7 次率领 27000 人的船队远航，从中国的泉州出发，到达西亚、东非地区，开创了有名的“海上丝绸之路”。中国有着漫长的海岸线，丰富的海洋资源，中华民族自古以来就以大海般开放博大的胸襟走向世界、融入世界。早在汉朝的时候，就开通了与陆路丝绸之路并行的海上丝绸之路，加强了与各国的经济文化交流；隋唐以开放的胸襟进一步加强同各国的联系，玄奘西游，鉴真东渡，连起了更多友谊的纽带；到了明成祖时期，更是出现了郑和下西洋的伟大壮举。

二、讲授新课

1. 海之荣耀篇——郑和下西洋。

师：明朝的西洋在今天的什么地方？

生：指的是文莱以西的东南亚和印度洋沿岸地区。

师：了解了西洋的范围，请大家想一想，明成祖为什么要派郑和下西洋呢？

生：为了加强同海外各国的联系。

师：我知道咱们班同学知识面非常广博，哪个同学能给大家介绍一下郑和。

生介绍后师补充强调：我们再全面地了解一下郑和。郑和本姓马，回族，郑和的祖父和父亲曾从海路到过伊斯兰教圣地，家庭的熏陶，使他从小培养了吃苦耐劳的精神和英勇无畏的气概。在靖难之役中他随朱棣冲锋陷阵，屡立奇功，明成祖即位后，提拔他在宫内做官，赐姓郑。他兼有伊斯兰教徒和佛教弟子的双重身份。“才负经纬，文通孔孟。”“有智略，知兵习战”。

师：郑和的个人素质是成功实现远洋航行的一个重要原因，除此之外，当时还具备了哪些远洋航行的条件？

生：①郑和个人素质；②造船业先进；③指南针应用于航海；④国力强盛。

师强调：其中，最重要的原因是明朝前期国力强盛。公元 1405 年的明朝，是世界上最富强的国家，世界上没有哪个国家哪种力量可与之争雄。有了强盛的国力做后盾，奉了明成祖开海安国的圣旨，郑和船队在刘家港整装待发，公元 1405 年 7 月 11 日，是每一个中国人都应该铭记的日子，一支亘古未有过的庞大船队，开始了它伟大的航行。这是一种什么样的盛况呢？我们一起来看一段视频。

播放《郑和下西洋》电视剧片段。

师：（我注意到在看视频的时候，很多同学都在为这一盛况而惊叹）通过视频我们了解了哪些知识呢？下面让我们一起来完成这个表格。

出示表格：

时间	
次数	
规模	
人数	
到达范围	

师：同学们知道其中最大的海船有多大吗？长 44 丈，宽 18 丈，请同学们把丈换算成米，计算一下船的面积。135×60＝8100 平方米，这个数字等于 三个太和殿的面积，相当于一个半篮球场那么大。船队完全军事化编制，有宝船，有战船，有粮船，有马船，组织非常严密。这支船队泛海九万里，几乎到达了当时地图上所标注的最远的地方。

师：郑和船队最远到达的是哪些地区呢？

生：最远到达了非洲东海岸和红海沿岸。

学生活动，出示邮票图片：

师：郑和船队在所到之处进行了哪些活动呢？下面让我们穿越时光隧道回到 600 多年前的明朝，成为随郑和下西洋的船员，请船员们结合邮票所反映的史实

给大家说一说沿途的所见所闻。给船员们留三分钟准备，大家可以讨论，也可以到课本中去查阅资料。看看哪一艘宝船上的船员介绍得最翔实最生动。

学生合作探究，展示：

一组：我们的船队到达了占城，占城国王亲自用大象来迎接郑和，并把我们接到王宫，占城的人民载歌载舞欢迎我们船队的到来。

二组：我们船队到达了阿拉伯地区，我们与当地人展开贸易，我们中国的丝绸和瓷器非常受欢迎，我们换回来珠宝，香料和药材。

三组：我们船队到达了非洲，这里的人是黑人，有椰子树，还有长颈鹿，他们的酋长带领人们来欢迎郑和。(或依依不舍道别)

师：感谢船员们翔实生动的描述，这些活动会产生什么影响呢?

生：促进了中国和亚非各国的经济交流，加强了我国和亚非各国的友好关系。

师：郑和船队的远航是一次又一次不折不扣的和平之旅，为大明王朝赢得了更多的朋友，也为整个中国南海及印度洋带去一派升平景象。郑和远航架起了中国同亚非各国友谊的桥梁，把中国同亚非各国的友好关系推进到一个崭新的历史阶段。在郑和下西洋之后，有更多的中国人来到国外，把中国的文明带到世界各地，扩大了中国的影响。也有很多国家的首脑和使节搭乘郑和的宝船来中国访问，他们在中国受到热烈的欢迎。

师：在郑和身后，世界正日益紧密地，联成一个不可分割的整体。除了郑和之外，大家还了解哪些著名的航海家?

生：哥伦布、麦哲伦…

师过渡：在郑和远航半个多世纪以后，欧洲航海家也开始新航路的开辟活动。

出示表格比较：

人物	郑和	哥伦布	达·伽马
地点	下“西洋”	到达美洲	绕过好望角到达印度
时间	1405～1433年	1492年(晚59年)	1497～1498年(晚65年)
次数	7次	4次	1次
人数	27800人	1000～1500人	160人
船数	200余艘	17艘	4艘
船只大小	大号宝船长151.8米，宽61.6米	船长24.5米，宽6米	船比较小

师：郑和远航较欧洲航海家的航海活动有什么特点?

生：时间早、规模大、次数多、涉及的范围广。

师：从哥伦布、达·伽马、麦哲伦时代开始，就是掠夺、杀戮的血腥历史，而郑和时代的中国，则是真正承担了一个文明大国的责任：强大却不称霸，播仁爱于友邦，宣昭颁赏，厚往薄来。这是郑和远航的深远意义，郑和是我国也是世界历史上伟大的航海家，郑和下西洋是世界航海史上的伟大壮举。它所体现的那种开拓进取，友好合作，敢为天下先的精神，是我们中华民族生生不息的动力。为了纪念郑和，我国政府把每年的七月十一日作为航海节。1433 年，在第七次远洋航行的路上，郑和病逝于异国他乡。郑和把毕生精力都奉献给了远洋航海事业，对海洋有着深刻的认识，郑和曾经这样说过：欲国家富强，不可不顾虑海洋，财富取之海洋，威胁也来自海洋。遗憾的是郑和的主张在当时并没有得到重视，此后，明政府实行海禁政策，郑和下西洋之后，茫茫大海上，再也看不见中国的船队，郑和之后再无郑和，把无穷无尽的海洋留给了西方探险者。

明政府的海禁禁止不了来自海上的威胁，最早的威胁是来自——倭寇。

2. 海之英雄篇——戚继光抗倭。

师：倭寇指什么人?

生：日本的武士、商人 、海盗，经常骚扰我国沿海地区，沿海居民称他们为倭寇。

师：自元末明初开始，倭寇经常骚扰我国东南沿海地区，到了明朝中期，海防松弛，倭患严重。倭寇对我国东南沿海的骚扰造成了什么危害呢?

出示资料：

“连舰数百，蔽海而至。浙东西，江南北，滨海数千里，同时告警”。

——《明史·日本传》

“大肆毁掠，……杀人无算。城边流血数十里，河内积货满千船”。

——《倭变事略》

学生探讨后，师补充强调：

他们烧杀抢掠，使百姓的生命财产惨遭损害，沿海人民强烈要求明政府派兵驱逐倭寇，解除倭患，明政府派年轻的将领戚继光到浙东沿海抗倭。

出示戚继光图片：

师：戚继光出身将门，武艺高强，志向远大，是一个杰出的军事家。《四库全书》里辑录了20部兵书，戚继光个人的就有两部。请大家阅读课本，找出戚继光到达浙东之后，取得了哪些重大胜利呢？

生：台州九捷，福建广东全歼倭寇。

师：包括台州九捷在内的这些重大胜利，都是以极小的代价取得的，请大家看视频电视剧《戚继光》片段然后大家分析一下，为什么能够取得这些辉煌战果呢？

生：①人民群众的大力支持；②戚家军作战勇敢，纪律严明；③戚家军与其他军民的配合；④戚继光卓越的军事指挥才能。

师：抗倭斗争是我国历史上第一次反抗外来侵略并取得胜利的战争，戚继光是我国历史上杰出的民族英雄。民族英雄戚继光成为中华民族抵御外辱，自强不息的鲜明旗帜。明政府赶走了倭寇，是不是就消除了来自海上的威胁呢？这一时期的威胁，不仅来自日本，也来自西方。

3. 海之威胁篇——葡萄牙殖民者攫取在澳门的居住权。

师：16世纪开始，一些欧洲殖民者开始疯狂地对外扩张，最早把魔爪伸向中国的是——葡萄牙。葡萄牙殖民者在中国有哪些罪恶行径呢？

生：1553年，葡萄牙殖民者攫取了在我国广东澳门的居住权。

师：澳门对于庞大的明帝国而言，实在是太小了，所以这件事在当时没有引起统治者任何的重视，以至于此后殖民者得寸进尺，一步步侵占了澳门。来自海上的威胁日益严重。

4. 海之思索篇——畅想今日中外交往。

中国是一个陆海大国，自古以来，海洋与中国的兴衰荣辱，繁荣和统一密不可分，有人说未来世界的冲突是不同文明之间的冲突，但是郑和远航似乎证明世界历史可以有另一种选择——我们接触过不同多种文明，却四海如一，天下升平。这可以为我们反思当下提供重要的借鉴。

三、课堂小结

通过这节课的学习我们知道，明朝的对外关系既有交往，又有冲突。荣耀来自海洋，威胁也来自海洋。大海曾带给中华民族文明、辉煌和骄傲，也曾带给中国落后，灾难和耻辱。在郑和身后，海洋不再是分割大陆的屏障，而是不同种族的人们彼此相识的走廊。在郑和身后，由于中国收回了投向大海的视线，我们曾经错失过机遇，逃避过挑战。不过，今天，我们可以告慰我们的祖先，我们中国的舰队正航行在当年郑和开辟的航线上，我们的国人正扬起风帆，去征服那万里波涛，在蔚蓝色的碧波中，镶嵌上我们红色的中国印记。

四、板书设计

明朝对外关系　友好交往：郑和下西洋

冲突战争：戚继光抗倭

葡萄牙攫取在澳门的居住权

教学反思

多收集资料，图片信息，给同学们交流；让学生学会总结是学习，主动的整理总结知识，才能更好地接受和理解。

收复台湾和抗击沙俄

——刘　洁

教材分析

本课选自人教版初中历史教材七年级（下）第18课。中国历史发展到明清时期，封建制度走向衰落，统一的多民族国家进一步巩固，《收复台湾和抗击沙俄》恰是明清两朝时代特点鲜明的体现，也是中华民族热爱祖国、维护和平、勇于同侵略者斗争的精神体现。所以本课在明清史中地位举足轻重，也是古代史上对学生进行爱国主义教育的良好素材。

本课分为两个小题目，第一个是开辟荆榛逐荷夷，介绍了荷兰殖民者侵占台湾和郑成功收复台湾。第二个是雅克萨之战，介绍了沙俄侵略我国东北，康熙帝收复东北的过程。

学情分析

讲过近一年的历史学习，学生已初步具备了读史、解史能力，并培养了基本的归纳、综合问题的能力，但中国古代第一次讲到遭受侵略，如何让学生学以致用，透过历史发展的轨迹来认识当今发展趋势，还是七年级学生有待提高的问题。

设计理念

本课讲述了我国两次被他国抢占我们的领土，又被收复的史实。

1. 通过本课学习，让学生了解荷兰、沙俄等西方强国对中国的侵略简况，认识到中国边疆开始出现危机；掌握郑成功收复台湾、清政府对台湾的管辖，雅克萨之战和《尼布楚条约》签订的史实。

2. 通过两次反抗外来侵略的正义之举，让学生感受中华民族面对外来侵略勇于反抗、不屈不挠、寸土必争的可贵品质，明白正义战争最终必胜的道理；通过台湾的最终回归，联系当今中国形势，使学生认识到祖国统一是历史发展趋势。

3. 通过评价郑成功、分析雅克萨战役胜利原因，培养学生的爱国主义情感，体现中华民族强大的凝聚力。

教学目标

知识目标

了解荷兰殖民者侵占我国领土台湾，沙俄入侵我国黑龙江流域的简况。掌握郑成功收复台湾，清政府设置台湾府，雅克萨之战和中俄签订《尼布楚条约》等史实。

能力目标

形成对已学过的有关台湾、黑龙江流域方面的知识进行回忆、梳理，纵向归纳、综合历史问题的能力。

情感态度价值观目标

认识郑成功收复台湾和清政府抗击沙俄侵略斗争的内容，是维护我国国家主权和民族利益的正义斗争；中华各民族人民有着坚决反抗外敌侵略的光荣传统；郑成功是我国历史上著名的民族英雄；形成为捍卫国家领土主权和民族利益英勇斗争的精神。

教学重点

郑成功收复台湾，雅克萨之战和中俄签订的《尼布楚条约》。

教学难点

中俄《尼布楚条约》的性质。

教学流程及评析

一、导入新课

出示图片后，问同学们他们分别是谁？

他们一位曾是反清复明的志士，另一位是满清的皇帝，他们有着一个共同之处，就是英勇抵抗外来侵略，为统一的多民族国家做出重要贡献。

二、讲授新课

1. 郑成功收复台湾。

首先提出疑问：荷兰殖民者如何登陆台湾的？郑成功怎样收复的？台湾后来发展怎样？今天我们就跟随当时的高山族人阿里重现那段历史。

课件播放阿里描述台湾人登陆情景："一天，一群荷兰人来到我们的西海岸登陆，被我们拒绝了。荷兰人说借牛皮大的地方修船，阿爸他们答应了，没想到荷兰人把牛皮裁成细条，圈了一大片地，赖着不走了！"

你认清了侵略者的什么嘴脸？（卑鄙无耻、言而无信）同时使学生感受到台湾人民对侵略者的憎恨。

这件事发生在哪年？（1624 年）板书强调时间，增加学生印象。结合课件简介荷兰侵略台湾过程，人民反抗被镇压后期盼祖国的拯救。

郑成功收复台湾的过程由老师讲述过于枯燥，学生讲述有可能过烦琐，浪费课堂时间。在这里结合地图播放阿里的第二段回忆录："从大陆攻台湾有两条路，北航路暗礁沉船使水变浅，平时无法通航；南航路荷兰人设置了火炮把守，危险性太大了！"

（这样战争的艰巨性活生生展现在学生面前，郑成功如何克服困难、顺利进军台湾？学生急于知道答案）配合课件展示郑成功的进军计划，使学生由衷感叹：郑成功真是有勇有谋！

出示台湾人民欢迎郑成功的画面，体会台湾人民救星到来时的激动，海峡两岸炎黄子孙血脉相连。（为爱国主义情感的培养打下良好基础）

进攻台湾城时，讲明揆一的求和诡计，课件出示郑成功答复：台湾者，中国之土地也，久为贵国所锯，今余既来索，则地当归我。显示郑成功不为钱财所动，正义凛然的民族气概，最终赢得台湾回归。板书强调时间 1662 年。

播放郑成功受降视频，体验台湾回归的欢乐，培养学生爱国情感。引用视频中郑成功的话：台湾自古是中国的领土，引出问题，思考中国古代与台湾的关系，用史实论证事件真相，再次重申台湾属于中国，郑成功收复台湾是正义之举，符合广大人民的愿望。

郑成功收复台湾的意义，不仅在于抗击侵略、维护统一，还在于他开发了台湾经济，这一点学生很难体会到。这里播放阿里第三段回忆录："国姓爷（郑成功）给我们送来了耕牛、农具，粮食丰收了，好日子开始了!"引导学生思考耕牛、农具对台湾开发的作用，使学生恍然大悟：郑成功收复台湾的意义应从民族利益和台湾开发两方面考虑，再出示"开辟荆榛逐荷夷"诗句，讲明"荆榛"、"荷夷"含义，郑成功收复台湾的意义便清晰明了了。

如何让学生积极主动的去完整评价郑成功？以为郑成功立碑为题，让同学们思考碑名、碑文，使学生在兴趣中完成对历史人物的评价，历史课就会生动有趣。

（随着大陆的统一，回归已是大势所趋。如何让学生真正认识到台湾割据的不合时宜，祖国分裂给人民带来的痛苦，正确认识郑氏后代的归顺是本课难点之一）这里借助阿里的心情表现人民的心声，播放阿里第四段回忆录："清朝统一了大陆，实行海禁，亲人不能相见，海峡两岸无法交流!"启发学生思考：台湾割据还有意义吗？历史的车轮最终驶向何处？学生自然得出结论——回归。

（联系当今现实）现在台湾再次与大陆分离，结合历史发展规律，你认为台湾将来会怎样？学生顺理成章得出：回归是人民的心愿，是大势所趋!

同是反抗侵略，如何把收复台湾和抗击沙俄有机串联呢？以阿里的孙子阿牛应征去东北抗击沙俄为线索，以阿里的担心、疑问，阿牛的讲述继续本课的学习：阿里的孙子去东北抗击沙俄了，中国的人民在反抗侵略，中国的统治者也谱写了反抗外来侵略的不屈篇章。

2. 康熙帝抗击沙俄。

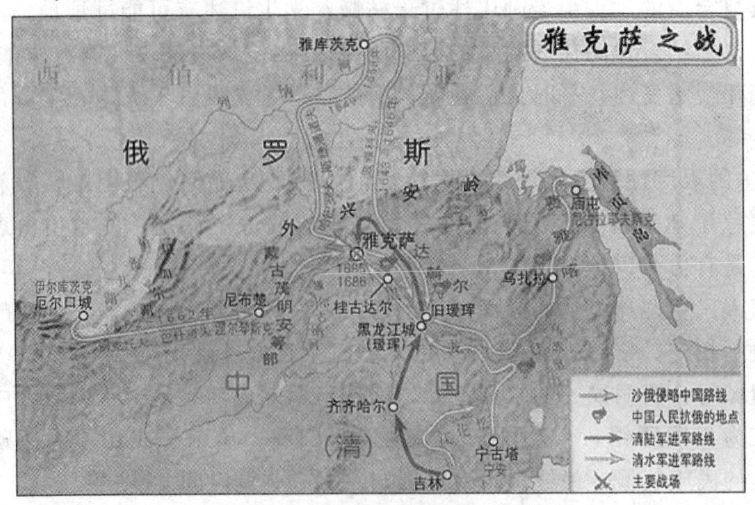

通过视频，结合教材和地图，归纳沙俄侵略我国东北情况和雅克萨之战的史实，并使学生体会在冰天雪地条件下为祖国而战的使命感，从而进行爱国主义教育。

简介沙俄暴行及康熙准备，士兵的英勇，人民的大力支持。

提出问题：请你帮阿里分析战争结果，解除他的牵挂。让学生主动考虑战争胜利原因，培养分析能力。

阿里的孙子在战场奋勇杀敌，请你帮他向爷爷介绍战争情况。（学生简介情况，锻炼语言表达能力。）

明确雅克萨之战是两次，都以中国胜利结束，中华各族为维护祖国统一做出了巨大贡献。

《尼布楚条约》边界线与性质是本课又一难点。课件动画展示内容，加深学生印象并记忆。对比现在中俄疆界，明确中国近代的不平等条约中国领土受到侵害。讲明《尼布楚条约》的意义：黑龙江流域、乌苏里江流域、库页岛都是中国的领土。

提出问题：阿里的疑问——条约平等吗？

学生第一次接触两国边界条约，需要交代出条约签订时中俄双方情况、态度，帮助学生分析得出结论：条约是在自愿、平等的基础上签订的。

课堂小结：（课件配合展示）明清时期，中国边疆出现危机，郑成功收复台湾，中国的人民在反抗；康熙帝抗击沙俄，中国的统治者也在反抗。上自皇帝，下至黎民百姓，中华民族为维护祖国主权统一都在进行着顽强的斗争。

学生活动：（收获平台）你知道了什么？明白了什么？（让学生梳理出本课基本知识，思考历史发展趋势，体验中华民族的凝聚力，培养爱国主义情怀。）

三、小结

我国的明清朝时期，正是西方资本主义兴起的时期，外国殖民者带着对东方财富的无限向往，侵占我国的领土，掠夺我国的财富。为了维护国家的主权和民族的利益，我国人民坚决的反抗外敌的侵入。并取得了较大的成功。

四、板书设计

收复台湾	明朝后期	荷兰殖民者侵占
	1662 年	郑成功收复
	1683 年	清军进入台湾
	1684 年	清朝设台湾府
和		
抗击沙俄	17 世纪中期	沙俄侵占雅克萨尼布楚
	1689 年	中俄《尼布楚条约》

教学反思

1. 主题鲜明、课堂气氛活跃。以热爱和平、渴望统一为主题，用阿里的身份讲述历史事件过程，学生易于接受，并主动去思考解决问题，学的轻松愉快，兴趣浓厚。

2. 难点得以突破。收复的台湾意义，以人民的感受描述郑成功的功绩，便于学生理解；《尼布楚条约》用阿里的疑问调动学生积极思考，配合老师的提示，学生自然得出结论：条约是平等的。

3. 情感教育得以体现。从为郑成功写碑文，到台湾人民回归后的欢欣鼓舞；从东北战场上士兵的英勇杀敌，到人民的大力支持，中华民族爱祖国、爱和平，强大的民族凝聚力贯串全课。

戊戌变法

……………………张凤秋　严　梅

教材分析

本课选自人教版初中历史教材八年级（上）第2单元第7课。根据本单元的主题和本课的课程标准确定本课的教学重点是了解“百日维新”的主要内容和严复的主要思想，认识戊戌变法的影响，同时加强阅读、分析、比较等能力的培养，体会维新人士勇于创新变革的精神。教学难点是如何客观认识戊戌变法的社会影响和认识戊戌变法失败的原因。

在中国近代社会，维新变法运动与洋务运动、辛亥革命和新文化运动等重大事件一样，在推动中国近代化步伐的同时，更承担了挽救民族危亡，探索救国之道的历史使命。可以说，在中国近代化的进程中，维新运动是一个承上启下的事件，它在很大程度上保留了中国的政治思想传统，同时又为辛亥革命和新文化运动起了良好的思想启蒙作用。

学情分析

通过对洋务运动的学习，学生对中国近代社会的情况已经有了系统的了解，因此，维新变法的背景不需要教师逐一展开来叙述，只要使学生认识到这是我国近代历史上的又一次救亡图存的运动即可。但由于学生对戊戌变法运动中的内容很陌生，特别是戊戌变法失败原因的分析需要学生有一定的分析能力和对比分析能力，而这些能力在初一的历史课上已经进行了一定的训练，多数学生已初步具备了这些能力，在本节课上，只要教师引导得当，学生可以完成本课的学习任务。

设计理念

学习是学生所需要，学习的内容是学生所喜欢，这两点是学生自主学习的前提。但本课的历史知识对于学生来说并不具有多大的吸引力，因此，在教与学的方法上精心设计。根据《课程标准》和教材及对学生的分析，确定本节课的教学方式是在教师的引导和启发下，对知识进行讨论、探究。学生通过阅读、收集和处理信息，获取知识；通过讨论法，理解知识、学会合作学习，通过辩证法，进行思维的碰撞，情感的交流，内化知识。

教学目标

知识目标

了解公车上书、百日维新、戊戌政变和戊戌六君子等历史基础知识。

能力目标

通过思考“维新派与洋务派主要思想的异同”等问题增强阅读和比较的能力，读、讲、议结合，通过对问题的思考和分析，提高分析历史事件的能力。

情感态度价值观目标

能解释维新变法人士的进步立场，激发其热爱祖国、振兴中华的高尚情操和历史责任感。

教学重点

公车上书和维新变法运动的展开；百日维新。

教学难点

戊戌变法的历史意义。

教学流程及评析

一、教学准备阶段

教师查阅戊戌变法的相关资料，制作多媒体辅助教学课件，剪辑有关历史录像资料，使学生能够较为直观的了解戊戌变法。

布置学生查找戊戌变法中自己所感兴趣的人物资料。

二、教学过程及评析

1. 创设情境，导入新课。

1895 年的北京发生了一件大事，请看资料：“光绪二十一年（1895 年），18 省在京应试的举人集会，他们推举康有为连夜起草了一份万余言的上皇帝书，六百多名举人在万言书上签名通过，联名上书皇帝。”提问：你知道这件历史大事吗？你知道这部万言书的主要内容吗？

（通过教师出示资料和公车上书图片，激发学生的好奇心，进入本课的学习。同时引导学生辨认“戊 戍 戌”三字）

2. 公车上书——揭开了维新运动的序幕。

“公车上书”的简单经过和名称的来历。（活动设计：指导学生了解“公车上书”的时间、地点、发起人、主要内容、影响。教师展示维新运动的领导人的照片，并要求学生结合教材对康有为和梁启超做简单的介绍。以此帮助学生认识康有为等先进知识分子，要求抵御外侮，救亡图强的心声，加强思想教育。）

提出问题：结合“公车上书”的主要内容，你能说出维新派和洋务派，洋务派和顽固派的主要区别吗？（活动设计：增强阅读和比较的能力。）

康有为

梁启超

为什么光绪帝会支持变法？

学生讨论、思考……

教师总结：民族危机日益严重，光绪帝不愿做“亡国之君”，要变法图强。

3. 百日维新——维新变法运动高潮。

1898 年 6 月到 9 月，光绪帝发布了一系列法令，变法开始。1898 年是旧历戊戌年，这次变法史称“戊戌变法”。

引导学生阅读课本，归纳变法的主要内容。

①政治方面：改革政府机构，裁撤冗官，任用维新人士；

②经济方面：鼓励私人兴办工矿企业；

③文化方面：开办新式学堂培养人才，翻译西方书籍，传播新思想；创办报刊，开放言论；

④军事方面：训练新式军队。

根据戊戌变法的内容，以小组为单位讨论一下这些措施的实行会对当时的清朝社会产生怎样的影响？（活动设计：根据归纳的维新变法的主要内容，小组讨论其影响，为维新变法失败原因的分析做好铺垫。）

意义：政治方面的改革措施，就是让资产阶级有机会参与政治、发表政见。经济方面的措施，有利于中国资本主义的发展。文化方面的措施，有利于西方科学技术和资产阶级思想的传播，最终也有利于生产的发展，有利于资产阶级知识分子的培养和成长。此外，维新派在这个时期创办了今天北京大学的前身——京师大学堂。军事方面的措施是要建立近代化的军事力量。

提问：你认为戊戌变法会成功吗？为什么？（引导学生思考）

4. 戊戌政变——维新运动的结束。

变法打击了顽固派的利益，必然引起顽固派的反对。以慈禧太后为首的顽固派发动了政变，变法失败了。从 6 月 11 日起至 9 月 21 日变法失败止，变法只经过了 103 天，故历史上又把戊戌变法称为“百日维新”。

光绪帝颁布的新政诏令，在顽固派的阻挠破坏下根本无法贯彻实行。地方督抚或推诿敷衍，或根本不予理睬，只有湖南巡抚陈宝箴支持新政，执行诏令。事实上，维新派与顽固派的斗争从酝酿变法时就一直没有停止过。

提问：谭嗣同为变法而死，你认为值得吗？请同学们分成正反两方进行辩论。（活动设计：通过辩论，使学生体会到明知不可为而为之的高度的民族责任感和使命感。）

刑场上的谭嗣同，笑对屠刀，铁骨铮铮。面对围观的群众，留下了掷地有声的临终遗言：“有心杀贼，无力回天，死得其所，快哉快哉！”

提问：维新派要杀的贼指谁？维新派为什么“无力回天”？谭嗣同为什么说自己“死得其所”？

分析后答：贼指以慈禧太后为首的顽固派。“无力回天”的原因：维新派只依靠一个手无实权的光绪帝，又没有发动群众，当顽固派发动政变时，无力反抗。“死得其所”是指谭嗣同甘愿为变法流血牺牲。

三、课堂小结

戊戌变法的失败使中国丧失了一次摆脱民族危机，走向富强的机会。但是维新志士们满怀爱国热情，为变法就往而奔走呼号，殚精竭虑，他们的行动是符合维护民族独立和发展资本主义这一历史潮流的，是爱国的、进步的，显示了中华民族不屈不挠的抗争精神，他们的爱国主义精神必将激励和指引着一代又一代中国人为民族独立和国家富强而继续奋斗。

课后反思

本课辩论这一教学环节的设计，在预案中是出于尝试状态的。因为在以往的教学中，采取此教学方法的时候很少，学生的史学知识、表达能力，分析问题能力和他们对问题的看法，让我对辩论这种教学方式不敢轻易尝试。但本课学生的表现让我感想颇多。学生的踊跃发言和独特的看法让我惊讶，特别是个别的男同学，他们的看法颇有见地，足以说明学生的知识、能力、思维超出了我当初的预想，真正验证了那句话：给学生一个机会，学生会还给你一个惊喜。初二的学生在稍有准备的情况下，（课前布置学生查找戊戌变法中自己所感兴趣的人物资料），辩论这种教学方法是可以采用的，而且效果也是较为有效的。但在辩论会中，我发现绝大多数学生对谭嗣同的不肯离京的做法都不认同，只有较少的几个学生对谭嗣同的选择持赞同的态度。我既为学生不拘于课本和常想的思维而高兴，同时又有些隐隐的担忧，在一些特殊的时代，必须有一些人做出牺牲，这是人类进步的必然过程。在危险面前退一步固然无可非议，但真需要我们做出牺牲的时候，我们今天的孩子会有怎样的答案？看来在历史教学中必须添加一些内容了！

红军不怕远征难

……张凤秋　严　梅

教材分析

本课选自人教版初中历史教材八年级（上）第3单元第13课。主要讲述了党中央和中央红军的战略转移，即举世闻名的二万五千里长征。在当今社会，人们追求物质文明提升的同时，也越来越认识到精神文明生活的重要。几十年前，红军长征的伟大史诗所焕发出的璀璨光辉，至今仍可照亮无数迷失的灵魂。长征精神，是革命先烈留给我们的宝贵精神财富。而本课所讲述的红军二万五千里长征始末，正是对学生进行人生观和价值观教育的绝好素材。

学情分析

八年级学生正处于少年期，这是学生生理、心理急剧变化的关键时期，即从童年向青年过渡、从幼稚向成熟过渡、从不定型向定型过渡时期。这一时期学生的人生观价值观尚未完全形成，通过对红军二万五千里长征的学习，能让生活在和平幸福中的孩子更能懂得什么是长征精神，什么是今天我们该传承的民族精神，因而，本课的学习就显得尤为重要。

设计理念

新课程标准强调“教学过程应与学生的实际相联系”。基于新课标的理念，本课通过学习长征的艰辛，创设情境，让学生在情感上产生震撼和深入思考；体并感受革命先烈留给我们的宝贵精神财富，运用探究式课堂教学方式，以学生的主动参与为前提，帮助学生认识到应该更好珍惜今天幸福生活，最后引导学生应以积极的心态去面对未来的学习和生活。

教学目标

知识目标

了解红军长征的原因，掌握红军长征的路线、遵义会议的召开及其伟大的历史意义、长征胜利的意义；理解长征精神。

能力目标

能结合阅读长征示意图，形成读图、填图的能力，标出红军长征经过的主要省份、江河，并能说出发生在那里的重大事件。

情感态度价值观目标

学习红军战胜艰难困苦、勇往直前的革命英雄主义，形成热爱中国共产党、热爱人民军队、热爱祖国的感情，珍惜今天的幸福生活。

教学重点

中央红军的长征，遵义会议。

教学难点

第五次反围剿失利的原因，红军长征胜利的意义。

教学流程及评析

联系上一课知识"单刀直入"导入新课，并用情感生动的语言给学生勾勒出长征的概貌。

导入语：随着红军的壮大和根据地的发展，星星之火，已成燎原之势。在革命形势一片大好的情况下，风云突变，红军主力被迫离开根据地，开始长征。对于长征，毛泽东有过一段形象的描述（幻灯出示），他说："自从盘古开天地，三皇五帝到于今，历史上曾经有过我们这样的长征么？十二个月光阴中间，天上每日几十架飞机侦察轰炸，地下几十万大军围追堵截，路上遇着了说不尽的艰难险阻，我们却开动了每人的两只脚，长驱二万余里，纵横十一个省。请问历史上曾有过我们这样的长征么？没有，从来没有的。"——红军不怕远征难，那般气壮如云、势吞山河的往事，我们共同感受！【该导入语一是让同学们对当时革命形势的变化有一个大概的了解，二是通过语言烘托氛围，让学生初步感知长征的宏伟】

[新课进程]

在学习新课过程中，主要通过四个进程来完成。

进程一、自读课本，勾画重点——培养阅读能力和自学能力

安排同学们自读教材，勾画重点地名、重要人名、事件名称、重要时间。【自主学习能力的培养是新课改理念下课程教学的重要目标之一，通过本环节，可以让学生在初步了解长征基本史实的基础上，培养提炼概括历史信息的能力。】

进程二、组织长征故事会——培养表达能力，培养分析历史现象得出初步结论的分析能力

引导学生回忆以前在语文课文、小说画本、电影电视中的长征故事情节，鼓励学生自由讲述这些故事。【对于学生的讲述，不求完整。这个环节中，教师同时完成以下三方面的工作，之一是教师在倾听过程中，注意引导学生甄别故事的真假正误；之二是将故事情节尽可能与教材中的“重点地名、重要人名、事件名称、重要时间”相挂钩；之三是每则故事讲完后，引导学生分析故事本身所包含的“长征精神”的内涵要素。

如果学生讲述故事十分踊跃，且故事情节丰富，已能够满足“长征精神”内涵的提炼，则教师放弃已挑选好的长征故事。反之，教师通过讲述或课件演示方式补弃需要的故事数则。】

附一、典型故事与长征精神内涵提炼：

附二、典型故事与曲折性认识：

长征的曲折，重点体现在“挫折”上。面对各种挫折，如军事斗争的挫折、领导机制的挫折、人员大量损失的挫折等。通过长征故事，了解长征的经过以及遵义会议的召开，引导学生认识到中国共产党有能力不断纠正自身错误。中国革命的胜利正是在这种不断吸取经验教训，不断纠正错误的曲折过程中取得的。

故事一：反围剿失利；故事二：改路线，渡乌江；故事三：遵义会议放光芒；故事四：四渡赤水出奇兵；故事五：三军过后尽开颜。

在讲述这五则故事的过程中，同时进行板书，通过板书对红军长征的经过形成系统认识，并进一步体会到革命道路的艰难曲折。

同时引导根据中国工农红军长征示意图，更直观的了解红军的长征经过了赣、闽、粤、湘、桂、黔、滇、川、康、甘、陕 11 个省，越过了五岭山脉，湘江、乌江、金沙江、大渡河及雪山、草地等万水千山，走了 25000 里的壮举！

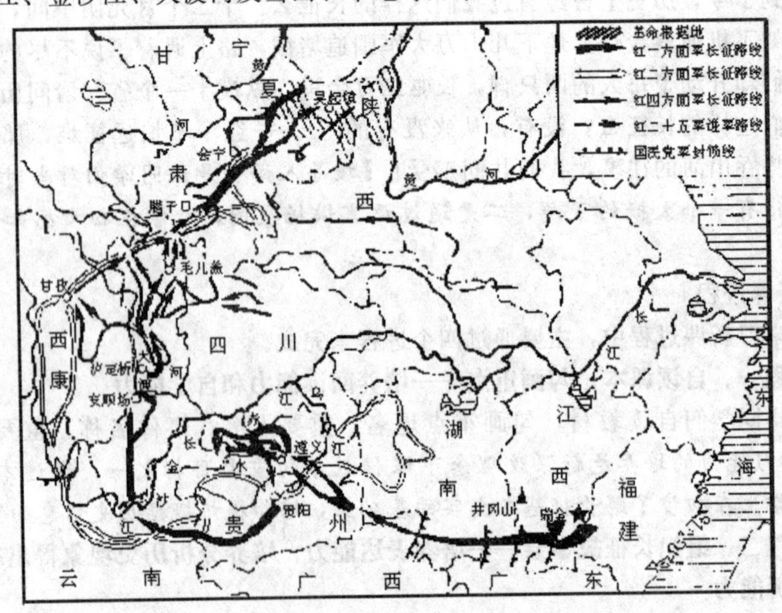

中国工农红军长征示意图

进程四、小结

在学习了本课内容后学生对长征经过以及长征精神有了进一步的认识和感悟，在小结部分，不用过多的语言，而是通过一首长征组歌中的《红军不怕远征难》来进行小结，一是通过音乐再次回顾长征的经过，二是通过音乐达到情感上的高潮，再次感悟红军战士的革命英雄主义和革命乐观主义精神。

为了更好培养学生的理解分析能力，同时回顾本课所学重点内容，使学生掌握所学。教师引导学生谈谈自己对长征的感悟和启示，然后引导学生分析“究竟什么样的精神是长征精神”？总结：长征精神就是：坚忍不拔、自强不息、勇往直前。红军的长征已经成为历史，但是长征的精神在今天仍然具有重大的现实意义。最后教师将这节课升华：人生也好比长征，人生就是一次一次的突围，我们要心怀自己的梦想，勇敢，坚韧的走下去……

我们的祖国也将同奥运火炬的传递一同，不断跨越各种障碍，走向胜利，走向富强。【通过这样的引导和总结进一步升华本课的主题。】

课后反思

本节课我以“讲故事”为主要形式，挖掘“长征精神”为主要内容，从而达到升华学生情感、培养它们正确的价值取的目的。通过学生自主探究，丰富了本节课的内容，学生对于红军长征的原因、经过和历史影响有了比较全面的认识，同时也联系了现实，学生进行了思考，为有效掌握本课打下了基础。

整节课紧紧围绕“长征”展开。“长征故事”的讲述，使学生积极性很高，在吸引他们融入知识的同时，也培养了他们的表达能力，教师适时导学、导疑，引导学生自主学习和探究，取得了较好的教学效果。围绕教学目标，使用恰当的文字、图片、音频和视频资料，多途径刺激学生思维，同时也不会造成视觉和听觉疲劳，实现了学科综合以及多课程资源的挖掘和整合，同时也为情感的升华做了有效铺垫。探究活动的有效开展，使历史与现实紧密结合，让学生感悟到了民族精神的传承，并有助于形成正确的价值取向，并将这种认识融入到自己的学习和生活中。在这节课上，我感受到了学生们火热的激情，历史不再是课本上枯燥的文本，不再是冷冰冰的线条和文字，而是具有了鲜活的生命，触及到了学生的灵魂。在这节课的过程中也遇到了一些问题，一是有些学生讲述的长征故事自己不知道，不能迅速的对故事真伪正误进行甄别；二是课堂容量大，活动较多，如果时间掌控不好，很容易完不成教学任务。

宁为战死鬼　不做亡国奴

张凤秋　于晨红

教材分析

本课选自人教版初中历史教材八年级（上）第3单元第15课。抗日战争是近代中国人民反抗外来侵略战争的第一次完全胜利，也是中华民族从危亡走向振兴的历史转折点，中国的国际地位由此大大提高；学习本课，有助于学生更好地把握近代中国反侵略、求民主的历史潮流。

学情分析

对于抗日战争的历史，在各种信息渠道不同冲击下，初中学生或多或少都有些许了解，但是对于抗日战争的全景还没有清晰认识。所以，本课学习就在这样一个半知半解的条件下进行。希望通过科学的教学，让孩子们知道抗日民族统一战线构成了全民族共同抗战的基础，是抗日战争能够坚持八年之久、打破近代中国在抵抗外国武装侵略战争中屡战屡败的局面，是抗战取得最终胜利的保证。使学生在学习中深刻地认识到爱国主义作为一个历史概念，在近代中国的发展中，它必须与中华民族的整体利益紧密联系在一起。

同时曾经的史学观点认为抗日战争是一个党派的功劳，或者说国民党在抗日战争中的贡献可以忽略不提，甚至认为国民党在抗战中起了极大的破坏作用。近年来，随着史学观念和人们认识的转变，一种新的偏激的思想又占了较多的份额，而在两种观点的冲击下，更多的人是一种历史的虚无，历史的概念在头脑中极大地模糊了，课本上的知识无法内化，因此我们要把本课的教学当作梳理学生头脑中知识误区的一个重要的环节，把真正的抗日战争的事实告诉给学生。

设计理念

《抗日战争》这节课学生都很熟悉，而且很多同学对这部分知识比较感兴趣，再加上抗日战争是进行爱国主义的主要素材，平时接触的也很多，因此课前让同学们进行以抗日战争为题的探究性学习。情境讨论式教学建立在建构主义蓄积理论的基础上，教师通过创设情境、提出问题，激发学生 学习兴趣；

学生则通过分组讨论，参与互动，体验感受，师生交流，共同营建完整的知识结构。

教学目标

知识目标

了解七七事变、抗日民族统一战线的建立、日军侵华的滔天罪行、抗日战争胜利的基本事实。

能力目标

结合本课学习，形成全面、客观分析和比较历史现象，辩证的观察和分析历史问题的能力。

情感态度价值观目标

认识国共两党“合则两利、分则两伤”的道理；认识到日本帝国主义发动的侵略战争给中国人民造成了巨大的灾难。

教学重点

七七事变，南京大屠杀。

教学难点

1. 为什么说卢沟桥抗战是全面抗战的开始？

2. 如何看待日本对中国人民的侵略及日本当局否认历史事实？

教学流程及评析

一、教学准备阶段

1. 教师准备关于《南京大屠杀》《不忘国耻——日本侵华史》《七七事变》等视频资料，《保卫黄河》《义勇军进行曲》音像资料并制成多媒体课件。

2. 指导学生搜集整理相关日本侵华史料。

二、教学过程及评析

1. 创设情境，导入新课。

播放《义勇军进行曲》要同学们在老师带动下一起高歌。通过这一环节，烘托氛围，激发学生的学习兴趣，引入学习内容；当唱到“中华民族到了最危险的时候”，忽然停下，提问：“中华民族到了最危险的时候”指的是什么时候？中华民族为什么会到了最危险的时候？【创设问题情境，引发学生思考，

导入新课。】

2. 回顾“小日本”侵略“大中国”的历史。

（播放《不忘国耻——日本侵华史》中日本近代以来对中国侵略的视频资料）

设置情境，让学生回归到历史的原始状态，让学生明白日本侵华是由来已久；

材料一：此事发生在1931年，日本炮轰中国东北军驻地，攻占沈阳，此事后不到半年日军侵占整个东北。

材料二：此事发生在1932年1月的上海，为迫使国民政府投降，日本侵略军袭击该地，驻守淞沪的国民党十九路军奋起抵抗。

材料三：同年，日本帝国主义扶植清废帝溥仪做傀儡建立的国家。

材料四：70年前，日本帝国主义为侵占中国华北而蓄意制造了一连串事件，此后大批日本关东军入关，威逼平津。

材料五：1937年7月7日夜，日军借口一个士兵失踪，要求进入宛平城搜查，遭到中国守军拒绝。日军随即进攻宛平城和卢沟桥，中国军队奋起抵抗。

3. 从图片看抗战历史。

卢沟桥事变的相关图片一幅：

驻守宛平城的中国军队奔赴前线

展示宣传“日本侵略者的残酷”，引导学生列举日军在中国犯下的滔天罪行。

【探究讨论】同学们在看了这些图片之后一定深有感触，请用一句话表达你此时的心情。（学生回答）

总结：人们常说，中日两国是一衣带水，但在中国近代史上，中日两国是“一衣带血”。日本侵略者自1931年九·一八事变至1945年战败投降，在长达14年的侵华战争中，以最野蛮、最残暴、最惨绝人寰、最没有人性的手段在中国进行着大破坏、大屠杀，对中国人民犯下了滔天罪行。神州在流血，中华在哭泣。偌大的中国乌云密布，哀鸿遍野。泱泱中华，面临亡国灭种的危机。

中国的出路何在？作为一个中国人，作为那个时代有血性的中国人，你该怎么做（学生回答）？“国破尚如此，我何惜此头！”

中华民族是自强不息的民族，在卢沟抗战中体现的以民族大义为重，不怕牺牲、坚守到底的民族精神，面对空前严重的民族危机，国共两党捐弃前嫌，共赴国难，实现了第二次国共合作，建立了抗日民族统一战线，从此中国的抗日战争开始了全民族的抗战，成为抗日战争胜利的根本保证。【引出国共两党合作的基础——民族危亡】

强调：从此以后，中华民族开始了全面全民族的抗战。因此，七七事变是日本全面侵华的开始的标志，也是中华民族全面抗战开始的标志。

感悟历史——让历史告诉未来。

60多年过去了，日本帝国主义发动的那场罪恶的侵华战争到底给中日两国带来了什么？中日两国的人们对待战争的态度又如何？

课件展示：日本首相小泉参拜靖国神社图片、联邦德国总理勃兰特在波兰下跪图片。

（图片配文字：同样是祭拜，相似的事件，不同的形式，迥异的内容。德国人跪下了，跪在了受难者墓前，跪得是那么的坦诚；日本人却站着，站在了凶手的牌位下，站得是那么的孤傲。同样举起过屠刀，也同样放下了凶器。德国人正视历史、尊重历史，用真诚换取理解，融入欧洲，强大自身；日本人无视历史、歪曲历史，用丑恶掩盖罪恶，一意孤行，伤害四邻。有的人下跪了，他显得更崇高；有的人还站着，他看着更卑微；有的人为尊严，有的人为生存；有的人毫无廉耻，有的人荒诞不经……下跪，意味着什么？你又为什么而下跪？参拜，又意味着什么，惨死在日本屠刀下的中国人，什么时候才能听到同样的忏悔?)

师生对话：日本政要参拜靖国神社是日本不愿正视历史，日本军国主义复活的表现之一。你还知道哪些表现？(日本篡改教科书、否认南京大屠杀等)

课件展示：(1) 钓鱼岛事件。

(2) 侵华日军细菌战中国受害诉讼原告团团长兼总代表、2002 年十大年度人物之一的王选图片。

(颁奖词："她用柔弱的肩头担负起历史的使命，她用正义的利剑戳穿弥天的谎言，她用坚毅和执着还原历史的真相。她奔走在一条看不见尽头的诉讼之路上，和她相伴的是一群满身历史创伤的老人。她不仅仅是在为日本细菌战中的中国受害者讨还公道，更是为整个人类赖以生存的大规则寻求支撑的力量，告诉世界该如何面对伤害，面对耻辱，面对谎言，面对罪恶，为人类如何继承和延续历史提供了注解"。)

(只要有两个王选这样的女人，就可以让日本沉没。——美国历史学家谢尔顿·H·哈里斯)。下一个"王选"，会是你吗?

引导学生思考：通过本节课的学习，你从中得到哪些感悟？作为一名当代中国青年，应该怎样对待这段惨痛的历史？应当如何处理当今的中日关系？

(学生：历史不能忘却，忘记历史就意味着背叛！防止日本军国主义复活；以史为鉴，面向未来。好好学习，报效国家)

课件显示：胡锦涛讲话内容：

前事不忘，后事之师。我们强调牢记历史并不是要延续仇恨，而是要以史为鉴、面向未来。只有不忘过去、记取教训，才能避免历史悲剧重演。

——胡锦涛

4. 课堂小结。

卢沟桥的烽火，揭开了全国抗日战争的序幕。30 万南京同胞的鲜血，进一步唤起了全民族的觉悟。让我们永远记住为捍卫民族尊严英勇现身的先烈，永远记住日本军国主义罄竹难书的罪恶！

课后反思

我们回顾抗战的历史，不是为了咀嚼苦难，更不是为了煽起仇恨。

它可以告诉我们的后人，国家不强，民族不强，老百姓生命就没有保障。抗日战争充分说明，国家，是国与家，是连在一起的，没有国就没有家。所以，爱国是每一个中国人的本分。不知道这段历史，就不会知道中华民族她怎么在强大的外敌入侵下，怎么站起来的。我们中华民族之所以历万劫而不灭，永远屹立于世界民族之林，她有伟大的民族精神。爱国，是中华民族之魂。

最可爱的人

……………………张凤秋　齐丽霞

教材分析

《最可爱的人》选自人民教育出版社初中《中国历史》八年级（下）第2课。主要介绍抗美援朝战争的基本史实。讲述了朝鲜战争的爆发，中国人民志愿军出兵朝鲜，志愿军的英勇战斗和杰出的战斗英雄，这场战争是中国现代史部分唯一的一场战争。教材分为两部分。第一部分是：抗美援朝保家卫国；第二部分是：战斗英雄黄继光和邱少云。二战后两大阵营的形成和对峙，美帝国主义不甘心在中国的失败，妄图将新生的中华人民共和国扼杀在摇篮中。面对美帝国主义的疯狂挑衅，尽管中国人民刚刚独立，国家百废待兴，但是中国人民志愿军在全国人民支持下以大无畏的革命精神，顽强战斗，经过三年浴血奋战终于打败了美国侵略军。本课以“最可爱的人”为题，源于著名作家魏巍的报告文学《谁是最可爱的人》，旨在通过英雄人物的事迹对学生进行爱国主义和革命英雄主义教育，提高学生的思想觉悟和道德水平。

学情分析

了解学生的年龄特点，学习态度，原有基础和存在问题，才可能进行针对性教学。本课教育对象为八年级学生。这个年龄段的学生自我意识迅速增强，他们有强烈的求知欲、表现欲，期待教师、同伴的赞许和认可。他们对历史事件、历史现象的分析理解能力日渐增强。但由于缺乏足够的生活经历，实践经验，其思维方式，思维角度不够全面。这就要求教师能指导学生以多种形式掌握丰富的课程资源，巧妙设计问题，多角度引导探究。此外，随着八年级课业的增多，升学压力的增大，许多学生对历史课学习主动性下降，已经不能主动去阅读相关书籍，搜集有用的资料。基于此，在教学中，利用 POWERPOINT 平台制作多媒体课件，提供丰富详实的资料；教师适时点拨、启发学生多角度思考认识历史问题。

设计理念

创设情境巧妙设问，使学生的思维快速切入学习主题，利用经典歌曲提高学习兴趣。

教学目标

知识目标

理解中国政府出兵的原因，了解战争的大致经过，掌握战争的结果；能讲述黄继光、邱少云的事迹；能理解志愿军战士的精神；能总结出战争胜利的原因和意义。

能力目标

形成相应的读图、识图能力，阅读与叙述的能力，总结、概括历史的学习能力。

情感态度价值观目标

发扬“最可爱的人”的高度的爱国主义精神和革命英雄主义精神。

教学重点

抗美援朝战争的经过和黄继光、邱少云的事迹及志愿军战士的精神。

教学难点

中国政府出兵的原因，以及对战争胜利的原因和意义的分析。

教学流程及评析

一、教学准备阶段

1. 学生课前准备：预习课文内容，找出相关的问题。收集黄继光、邱少云、毛岸英等英雄人物的事迹；学唱《中国人民志愿军战歌》。调查一下身边的人有没有参加过抗美援朝的？有的话请他为你介绍当时的情况。

2. 教学之前用百度在网上搜索《抗美援朝，保家卫国》的相关教学材料，确定课堂教学形式和方法。然后根据课堂教学需要，利用百度搜索在搜索到抗美援朝的重要视频，现场放给学生观看，加深印象。用百度网上搜索下载抗美援朝的有关历史图片和信息，分析当时的形势，让学生加深了解，并将有关课题的图片信息视频做成 PPT 以辅助教学，从而加深学生对所学知识的理解和掌握。

二、教学过程及评析

1. 创设情境，导入新课。

(1) 解读课题：谁是“最可爱的人”？

展示文本：

“在朝鲜的每一天，我都被一些东西感动着；我的思想感情的潮水，在放纵奔流着；我想把一切东西都告诉给我祖国的朋友们。但我最急于告诉你们的，是我思想感情的一段重要经历，这就是：我越来越深刻地感觉到，谁是我们最可爱的人！

谁是我们最可爱的人呢？我们的战士，我感到他们是最可爱的人。”

——魏巍《谁是最可爱的人》

教师引导：“最可爱的人”就是我们的战士，可是他们为什么要到朝鲜，为什么会被称作“最可爱的人”呢？我们就带着这个问题，一起回到上世纪50年代，那个英雄的时代去探寻答案吧。

(2) 教师播放《中国人民志愿军战歌》：“雄赳赳，气昂昂，跨过鸭绿江！……”

提出问题：这首歌曲的名字是什么？说的是什么？【创设问题情境，引发学生思考，导入新课。】

1950年10月，中国人民志愿军高唱着这首战歌，奔赴朝鲜前线。他们为了抗美援朝、保家卫国，与朝鲜军民并肩作战，在与敌人浴血奋战中涌现出无数可歌可泣的战斗英雄。

2. 抗美援朝，保家卫国。

问题探究：中国政府出兵所为何来？

(1) 三八线是怎么回事？三八线的划分给朝鲜事带来了什么后果？

(2) 朝鲜战争爆发后，美国有何反应？这种反应的实质是什么？

(3) 金日成为什么要请求中国出兵援助？

(4) 中国政府应不应该派兵入朝援助？如果不派志愿军入朝作战，可能会产生什么严重后果？

展示相关历史图片：

美军把战火烧到鸭绿江边

美第七舰队在台湾海峡巡逻干涉中国内政

1950 年 9 月 15 日美军在仁川登陆

1950 年 10 月 1 日，朝鲜党和政府领导人金日成、朴宪永紧急致函毛泽东主席，请求中国出兵援助朝鲜：

“我们不出兵，让敌人压至鸭绿江边，国内国际反动气焰增高，则对各方都不利，首先是对东北不利，整个东北边防军将被吸住，南满电力将被控制。总之，我们认为应当参战，必须参战，参战利益极大，不参战损害极大。”

——毛泽东

【通过提问、讨论、回答、小结几个环节解决问题，使学生认识到中国政府派兵援朝的必要性、正确性，淡化教学难点，也初步培养学生综合分析问题的能力和全局观念。从而得出正确结论：抗美援朝，保家卫国，唇亡齿寒！】

教师归纳：美国侵略朝鲜威胁中国；中国抗美援朝保家卫国。

3. 战争经过和英雄事迹。

（1）重温经典 播放电影《上甘岭》、《黄继光》和《邱少云》片段让学生置身于“抗美援朝，保家卫国”的氛围之中，全身感受志愿军战士的革命英雄主义精神和爱国主义情感。

（2）问题探究：

抗美援朝战争什么时候开始？中国人民志愿军总司令是谁？入朝的中国军队为什么叫中国人民志愿军而不叫中国人民解放军？

在朝鲜战场上，志愿军遇到了哪些困难？

黄继光、邱少云等英雄身上有哪些品质值得我们学习？

为什么说黄继光、邱少云等英雄人物发扬了爱国主义、革命英雄主义精神？

黄继光

邱少云

通过这些问题的探究和讨论，使学生对抗美援朝战争有了一个基本认识和了解，也清晰的把教学重点交代给学生。

4. 战争的胜利。

彭德怀在朝鲜战场上。

克拉克被迫在朝鲜停战协定上签字

问题探究：

（1）美国是在怎样的情况下同中、朝代表签订《朝鲜停战协定》的？

（2）新中国刚成立，贫穷落后；美国在二战后是世界最强大最富有的资本主义国家。但在朝鲜战场上，中国却以弱胜强，这是为什么？

（3）彭德怀说："西方侵略者只要在东方一个海岸上架起几尊大炮就可霸占一个国家的时代是一去不复返了。"结合你所学过的中国近代史，谈谈对这句话的理解和认识。

（4）中国人民志愿军回国后为什么会受到热烈欢迎？

通过提问、讨论、回答、归纳几个环节解决两个问题：一是胜利原因，二是胜利意义。

（5）对比两段材料：

A. "……朝鲜的教训将鼓舞一切殖民地半殖民地人民为保卫祖国而抵抗帝国主义者的决心和信心，鼓舞他们加紧地展开争取本国的独立、和平、民主、统一的斗争。这对于保障远东和平，是一个重大的贡献。"

——彭德怀《关于中国人民志愿军抗美援朝工作的报告》

B. "I was the first American commander to put his signature to a paper ending a war when we did not win it."

——Mark Wayne Clark

"我成了美国历史上第一个在没有胜利的停战协定上签字的美军司令官。"

——克拉克［美国陆军上将，"联合国军"总司令］

胜利的原因：

战争性质：正义的反侵略战争。

中朝人民并肩作战，中国人民积极支援前线。

志愿军高度的爱国主义精神和革命英雄主义精神。

胜利的伟大意义：

国际：沉重打击了美帝国主义的侵略气焰，维护了和平，提高了中国的国际威望。

国内：巩固了新生的人民政权，为新中国的经济建设赢得了一个相对稳定的和平环境。

教师归纳：中国人民志愿军为抗美援朝战争的胜利做出了伟大的贡献，他们用鲜血和生命树立起一座座不朽的丰碑，他们当之无愧地成为“最可爱的人”。

5. 思维拓展。

你认为在当今社会谁是最可爱的人？为什么？

可以联系到最近发生的玉树大地震、汶川大地震中解放军抗震救灾的情景，使学生深刻的理解无论是半个多世纪前的志愿军还是当代的中国人民解放军，他们都是最可爱的人，是他们用生命和热血撑起了中华民族的脊梁！

6. 课堂小结。

通过本课的学习，我们初步了解了抗美援朝战争这一重大的历史活动。为了保家卫国，年轻的共和国以落后的武器、简陋的条件与世界一流强国美国对抗，并最终赢得了战争的胜利。黄继光、邱少云等英雄身上所体现出来的爱国主义、革命英雄主义和国际主义精神永远值得我们学习，值得我们赞美！

课后反思

运用现代教学手段，拉进历史与现实的距离，引领学生对过去感同身受，营造良好的学习氛围和学习情境。课件演示形象、直观。用影视资料创设问题情境，有效引导学生注意力。设问激疑，在教师引导下，学生从多角度认识，允许有不同结论但必须要说出理由。教师适当引导，归纳小结，增强学生的理解、认识问题的能力，突破难点。多媒体展现的课程资源对学生形成视听的冲击，增强对英雄事迹的感性认识；探讨交流加深对英雄心理认同；学唱歌曲升华感情。系列活动形式多样，激发兴趣，调动积极性，突破重点。发挥学生自主合作，对历史知识形成完整、清晰的认识。拓展思维，引导学生将课堂学习延伸。引导学生多途径扩充历史课程资源，不局限于课本、课堂。

探索建设社会主义道路

张凤秋　刘淑媛

教材分析

选自人民教育出版社初中《中国历史》八年级（下）第2单元第6课。三

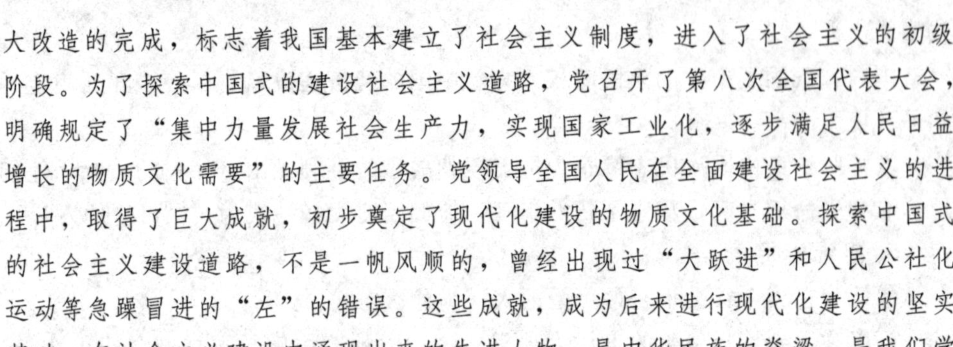
大改造的完成，标志着我国基本建立了社会主义制度，进入了社会主义的初级阶段。为了探索中国式的建设社会主义道路，党召开了第八次全国代表大会，明确规定了“集中力量发展社会生产力，实现国家工业化，逐步满足人民日益增长的物质文化需要”的主要任务。党领导全国人民在全面建设社会主义的进程中，取得了巨大成就，初步奠定了现代化建设的物质文化基础。探索中国式的社会主义建设道路，不是一帆风顺的，曾经出现过“大跃进”和人民公社化运动等急躁冒进的“左”的错误。这些成就，成为后来进行现代化建设的坚实基础。在社会主义建设中涌现出来的先进人物，是中华民族的脊梁，是我们学习的楷模。

学情分析

本课涉及了经济规律，学生对此不易理解，这就要求教师尽可能的利用已有的资料引导学生去探究。尽可能直观形象的感受这个时期的历史，更好的把握教材内容。

设计理念

这节课学习对学生而言很陌生，也很难理解。所以在本课的设计上应通过多媒体创设情境，辅以文字材料、图片资料等，运用问题教学法，让学生在估计中共八大的正确决策的同时，认识中共八大是探索社会主义建设的良好开端。借鉴“感动中国”电视榜上的方法，介绍社会主义建设的伟大成就及其代表人物。这样，学生能从感知到认知、从认知到理论，突出本节课的重点。通过图片与漫画来拓展、延伸教材的内容，使学生对总路线的内容有一个更直观的认识。利用故事设计情境，以虚拟人物为线索，将“大跃进”和人民公社化运动串联起来。这样，就将抽象的问题情境化、故事化，深入浅出，使学生对党在探索建设社会主义道路中出现的重大失误和挫折，有一个较为条理的认识，并在了解事实的基础上，分析错误的原因和教训。认识到经济建设必须遵循客观规律，理解在社会主义建设道路探索中的艰辛。

教学目标

知识目标

了解中共八大确定的主要任务，社会主义建设总路线的提出，“大跃进”和人民公社化运动，国民经济的全面调整，社会主义建设的成就，邓稼先、焦裕禄等先进人物的卓越贡献，总结探索建设社会主义道路失误的原因和经济建设的成就。

能力目标

正确认识“左”倾错误的表现；能总结探索建设社会主义道路失误的原因和经济建设的成就，形成辩证分析历史问题和借鉴历史的能力。

情感态度价值观目标

认识探索中国式的社会主义建设道路，是一个长期、曲折的过程，是党和人民的艰苦努力的结果，是我国的社会主义建设的巨大成就。

教学重点

中共八大确定的主要任务和社会主义建设的巨大成就。

教学难点

探索建设社会主义道路出现严重失误的原因。

教学流程及评析

一、教学准备阶段

要求学生在网上搜索《探索建设社会主义的道路》的相关教学材料，从知识准备上多理解本课内容。

二、教学过程及评析

1. 创设情境，导入新课。

播放歌曲《社会主义好》《学习雷锋好榜样》由“掀起建设社会主义高潮”引出新课。

（教师引导复习前边学过的内容并总结）20世纪50年代，这首《社会主义好》红遍大江南北！深情的歌词唱出了人民对美好生活的向往和对社会主义的热爱。跳动的音符里蕴藏着一种时代的力量。今天，就让我们伴着这首歌曲重温那段尘封的历史。【创设问题情境，引发学生思考，导入新课。】

2. 提问：如何理解课题中的“探索”两字？（学生讨论回答）

教师归纳：建设社会主义没有现成的经验可以借鉴，所以需要摸索，虽然取得了一些成就，但也免不了出现一些失误。

3. 明确知识，过渡难点。

根据以下问题明确为什么中共八大是社会主义建设的良好开端。

问题1：我国社会的主要矛盾是什么？

问题2：二十世纪五六十年代，我国的经济状况怎样？（贫穷落后）

问题3：当时人民有怎样的愿望？（改变贫穷的面貌）

问题4：党和人民的主要任务是什么？

在学生回答基础上教师要明确指出：由此可见，八大的决策符合国情，为建设社会主义指明了方向。所以，八大是我国探索建设社会主义道路的良好开端。从此，我国进入了全面建设社会主义的时期。【把复杂知识简化到初中学生可以理解的基点上。】

问题过渡：展示八大提出的经济建设方针及在其指导下经济战线取得的成就。

教师：农业战线取得可喜成就，使一些人看到这一成绩后产生了盲目乐观的情绪，认为建设的步子可以再大一点，速度可以再快一点。于是在1958年又提出社会主义建设总路线，由此，社会主义建设道路的探索开始出现曲折历程。

4. 对比讨论，降低难点。

问题1：对比中共八大建设方针和1958年总路线有什么不同？

问题2：从中可以看出当时人们的一种怎样的愿望？这样的愿望能实现吗？为什么？

（学生思考、讨论）

教师总结：从对比和讨论我们不难看出，1958年总路线虽然反应了广大人民群众迫切要求改变我国经济落后的愿望，但忽略客观实际，忽视了中国所处的实际环境，急于求成，盲目求快。在这种形势下，为了落实总路线的精神，党中央发动了片面追求工农业生产的高速度、高指标的“大跃进”运动和试图更快向共产主义过渡的人民公社化运动。以此导入“大跃进”和人民公社化运动。

5. 分解难点，加深认识：大跃进和人民公社化运动——严重失误。

工业：大炼钢铁——高指标、瞎指挥。（经济和环境）（这种方式能炼出钢吗？在当时会产生怎样的影响？）

农业：浮夸风与经济困难。（这样的做法科学吗？带来怎么样的严重后果？）

生活：食堂——共产风与积极性。（干多干少吃的都一样，这样的做法公平吗？危害在哪里？）

结论：理想的阳光照进现实的土壤并没有结出应有的果实，荒芜的土地才是最真实的。

6. 感悟历史：

问题5：分析探讨“大跃进”和人民公社化运动造成的不利影响，进而认识“大跃进”和人民公社化运动是探索道路上的一次严重失误，并分析失误的原因。

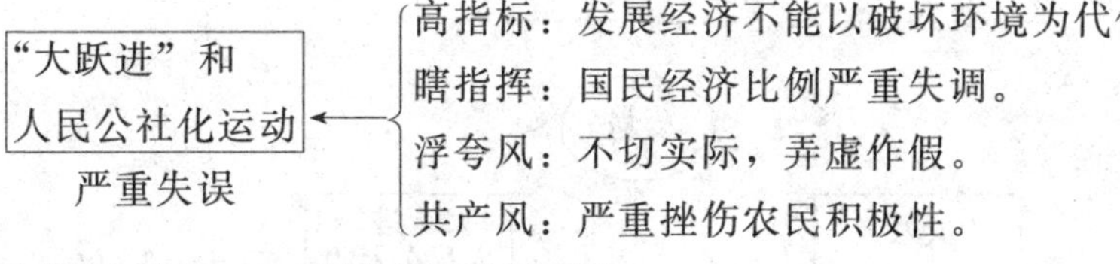

失误的原因：1. 对国内情认识不够。

2. 缺少建设经验。

3. 急于求成。

4. 忽视客观经济规律。

★以史为鉴：结合产生失误的原因，请你谈谈对我们今天的建设有何启示？

启示：1. 发展经济不能以破坏环境为代价；2. 紧急建设要有利于调动人民的积极性；3. 尊重客观经济规律，一切从实际出发，实事求是。

教师总结：回首 1956～1966 年的社会主义建设，虽然产生严重失误但仍然取得了显著的成就。因此，这不仅是一条探索之路也是一条创业之路。

7. 建设成就和模范人物。

（1）建设成就。

创设情境：多媒体展示建设成就的几幅图片。

通过图片，结合教材内容，让学生自主学习并掌握十年建设时期取得的重大成就。

本目内容比较简单，通过图片来整合教材内容，开发新的课程资源使学生对建设成就有一个更直观的认识。同时培养学生热爱祖国的情感态度与价值观。

问题过渡：这些伟大的成就可谓耀眼夺目，但在这些成就的背后有无数默默无闻的劳动者无私奉献着，他们中的很多人成为那个时代的榜样。

（2）模范人物。

创设情境：多媒体展示几位英模的图片肖像。

借鉴中央电视台“感动中国”榜上，教师把它搬到课堂上，穿越时空为英杰楷模颁奖，奖项有最佳科技奖、最佳公仆奖、最佳创业奖、最佳服务奖。

问题 1：这些奖项分别颁给谁最合适呢？（更深认识英模们的事迹和人物形象）

把学生分成四组：雷锋组、王进喜组、邓稼先组、焦裕禄组。让学生结合手中的材料，集思广益，为本组的模范写出恰如其分的最能体现他们精神的颁奖词。

8. 课堂小结——利用板书进行小结。

版书设计

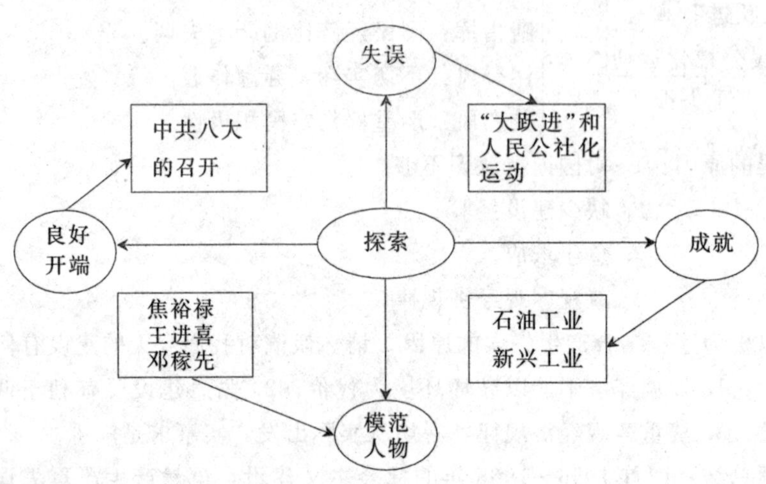

课后反思

本课主要介绍的是中国进入社会主义初级阶段以后，党和人民对社会主义建设道路的探索。这一探索中有良好开端和严重失误、社会主义建设的巨大成就和先进人物的模范事迹等问题。因初中生对这段历史的不熟悉以及他们对这段历史的认识的模糊，导致对本课知识的理解和梳理上会遇到很多困难，所以，在教学中应尽可能的充实内容，使教学和学生贴近，让孩子真正的感兴趣，愿意去学习和理解，更深刻的理解特定历史条件下所发生的看似荒诞却让我们颇感沉痛的一段历史，以及对今天所产生的深远影响。这是我们要通过这节课真正交给学生的东西。

资本主义时代的曙光

王咏梅

教材分析

本课是选自人民教育出版社初中教材《世界历史》第4单元《步入近代》的第1课。本课主要介绍文艺复兴和新航路开辟这两大活动对欧洲和整个世界历史，特别是对世界历史产生了巨大影响，是世界古代史到世界近代史承前启后的重要事件。

课程标准要求学生知道《神曲》，能复述达·芬奇、哥伦布的主要活动，并初步认识文艺复兴和新航路开辟对欧洲资本主义社会的产生所起的作用。

“知道”属于识记层次，达到要求不难。“初步认识”属于理解层次，具有一定的难度。要认识文艺复兴对欧洲资本主义产生和发展的作用难点在于认识文艺复兴是人类历史上第一次伟大的思想解放运动。文艺复兴运动的产生是以资本主义经济的萌芽为前提，是以反封建反教会为主要内容，它反映了新兴资产阶级的要求。而新航路的开辟，为促进世界各大洲间的联系、资本主义的产生和发展提供了地理方面的便利，是推动世界历史发展进程的客观条件。

学情分析

这一课理论性强，学生接受有一定难度。初三学生具备了一点对于历史事物的理解能力、分析能力、概括能力。因此，除了进一步培养他们以上这些能力，还要培养学生自主学习和探究学习的能力。在教学过程中，要求学生自学一部分教材上编写得较详细的内容，对于重难点我采用了问题探究法和讨论法，以培养学生自主学习的意识、主动参与、大胆质疑、创新等思维，使学生的智能和认识水平都得到发展。

设计理念

这一课理论性强，学生接受有一定难度，所以在内容处理上要化繁为简，突出重点。本课课标的要求是通过了解文艺复兴先驱但丁及其代表作《神曲》，达到一个层次识记要求。通过复述达·芬奇、哥伦布的主要活动，使学生理解、认识文艺复兴和新航路开辟对资本主义产生和发展所起的作用，达到一个层次理解要求。因此，在教学中我引导学生通过掌握文艺复兴的兴起和扩展以及对比中世纪封建神学和文艺复兴时期典型作品的基础上，去分析文艺复兴的实质；在理清新航路开辟的四次重要远航经过，尤其是掌握哥伦布远航美洲的有关内容的基础上，分析新航路开辟的作用。从而培养学生分析和归纳问题以及正确评价历史事件的能力，使学生认识到思想解放运动是革命的号角，学习但丁、达·芬奇、哥伦布等人与时俱进、敢于批判和斗争、坚持真理、敢于冒险、勇于进取的开拓创新精神。

教学目标

知识目标

掌握文艺复兴时期但丁、达·芬奇、莎士比亚等代表人物的主要成就及文艺复兴的实质；新航路开辟的原因、过程和影响。

能力目标

能分析文艺复兴时期优秀的文学、艺术作品和自然科学成就，形成对重大事件和主要人物的正确、全面、客观的评价。

情感态度与价值观目标

认识到文艺复兴时期的文艺作品和科技成就都是历经磨难，经过不懈努力而取得的，形成敢于坚持真理，勇于开拓创新价值观。

教学重点

文艺复兴的本质和主要代表人物，新航路开辟的过程。

依据：**1.** 准确理解文艺复兴弄清本质，主要代表人物及作品是最具说服力的第一手材料。

2. 文艺复兴和新航路开辟是在封建社会内部新兴资产阶级掀起的发现“人”和发现“世界”的探索活动，前与中世纪欧洲封建社会相连，后和自资产阶级革命相连，文艺复兴和新航路开辟促进了资本主义的产生和发展，是学生形成知识结构、发展思维能力的关节点。

3. 新航路的开辟揭开了人类工业文明的序幕，开启了全球化，是人类历史进程中的重大事件，推动了历史发展进程，改变了世界形势，具有重要的现实意义。

教学难点

文艺复兴首先在意大利兴起的先决条件及其实质。

依据：此处理论性较强、很抽象，不好理解，是学生认知水平提高的台阶，也是学生能力形成的障碍。突破了此难点有助于培养学生分析问题、解决问题的能力。

教学流程及评析

一、导入新课

上课先请几位同学到黑板上每人画三个鸡蛋。（创造轻松愉快的气氛，激起学生的好奇心）

鸡蛋好画吗？由此引出达·芬奇画蛋的故事。从而导入新课。

二、讲授新课

（一）文艺复兴

1. 背景。

指导学生带着问题去阅读教材58页第一段内容。（文艺复兴运动是在什么背景下产生的？为什么首先出现在意大利?）

引导学生归纳得出结论：①14世纪资本主义萌芽最早出现在意大利。文艺复兴运动首先在意大利兴起的先决条件是由于资本主义萌芽在意大利发展起来。意大利是东西方贸易的枢纽，地中海沿岸的一些城市已有较发达的手工业、商业，出现了资本主义手工工场，资本主义生产关系的兴起，产生了新的社会阶级——资产阶级。新兴的资产阶级要求摆脱封建制度的束缚，自由地发展资本主义，这种要求必然在思想领域里有所反映，因而在意大利首先出现文艺复兴运动。（这样难点就突破了）

②欧洲封建教会对思想文化的摧残和对人们进行精神世界的控制。

2. 什么是文艺复兴？是由资产阶级从文化领域掀起的打着复兴古希腊、古罗马文化的旗号，宣传资产阶级思想。

为什么打着古希腊、古罗马文化的旗号？古希腊、古罗马文化是西方文化的源头，文学艺术的成就很高，当时的人们也可以自由地发表各种学术思想。

3. 指导思想。

指导学生带着问题阅读教材，资产阶级宣传的核心思想是什么？人文主义，即以人为中心，而不是以神为中心；提倡发扬人的个性，追求人在现实生活中的幸福。

4. 实质。

指导学生阅读教材 58 页最后一段，回答问题：这次运动的目的是什么？

学生通过阅读教材总结出：是一场新兴资产阶级文化运动。

引导学生分析这场运动从哪里可以体现出这一实质？可以从三位代表人物及其代表作品所宣扬的资产阶级思想体现出来。

5. 代表人物及主要成就。

指导学生阅读教材 59 页到 60 页第一段内容后，归纳整理完成表格，并引导学生欣赏达·芬奇的名画《蒙娜丽莎》，指出它体现的是人的自然之美，是对人性的赞美和呼唤，从而提高学生的鉴赏能力。但丁的《神曲》对教会的批判，对爱情的赞美。这些都体现了资产阶级的思想要求。

但丁	《神曲》		意大利
达·芬奇	《蒙娜丽莎》	《最后的晚餐》	意大利
莎士比亚	《哈姆雷特》	《罗密欧和朱丽叶》	英国

6. 扩展。

指导学生带着问题阅读教材 60 页内容：文艺复兴是不是仅仅局限于意大利？（不是，15～16 世纪扩展到欧洲其他地方）它为什么能够扩展到欧洲其他地区？（欧洲资本主义经济的发展；它符合历史发展潮流；科学技术的进步）

7. 作用。

引导学生结合前面所学的内容回答：文艺复兴的出现对历史产生了什么影响？（概括总结得出结论：文艺复兴推动了欧洲文化思想领域的繁荣，为资本主义社会的产生奠定了思想文化基础。）

（二）新航路的开辟

文艺复兴所表现出来的人文主义精神是一种为创造现世的幸福而奋斗的精

神，新航路的开辟就是在这种精神的鼓舞下完成的。

1. 条件。

指导学生阅读教材60页最后一段，启发引导学生总结归纳：为什么要开辟新航路？当时具备了哪些有利的条件？

①14、15世纪，随着欧洲社会生产力的发展和生产技术的进步，资本主义生产关系逐渐发展起来，西欧国家相继出现了具有资本主义性质的手工工场和商业活动。随着商业经济的发展，资产阶级要求扩大国外市场。

②欧洲人狂热地追求货币和黄金，梦想去东方发财。

③东西方商路被阻断。15世纪中期，奥斯曼帝国占领了巴尔干半岛和小亚细亚地区，切断了欧亚之间的唯一的传统商路。他们在东地中海进行劫掠，并对过往商品征收重税，导致运抵欧洲的商品不仅数量少，而且价格昂贵，各类商品往往比原价高出8～10倍。因此，欧洲各国的商人和贵族迫切希望绕过地中海东部，另辟一条直接通往印度和中国的新航路。商路不畅引起的商业危机是促使欧洲人开辟新航路的又一原因。

④科学技术成就使新航路的开辟具备了客观条件。15世纪，造船业已能制造适于大海航行的多桅快速帆船；航船装备了火炮；中国发明的指南针传入欧洲，在大海上航行的船只就不会迷失方向；地圆学说已广为流传，人们深信，一直西行可以到达东方。

⑤葡萄牙、西班牙王室的支持。

引导学生思考：为什么葡萄牙、西班牙走在海上探险的最前头？（15世纪末，西班牙和葡萄牙都完成了政治统一和中央集权化的过程，国家有力量支持和供应远航所需的必要装备；两国都处在大西洋沿岸，便于进行海上探险；两国曾是意大利和尼德兰之间的商业贸易转运站，不仅掌握了丰富的航海知识，而且集中了许多富有航海经验的水手。）

2. 过程。

大屏幕打出《世界地图》，指导学生带着问题阅读教材（在新航路开辟过程中，主要开辟了那几条航线？是那几位航海家开辟的?）

找几位同学指图分别讲解，最后大家一起完成表格。

1487年	迪亚士	葡萄牙	好望角
1492年	哥伦布	西班牙	古巴、海地
1497～1498年	达伽马	葡萄牙	印度
1519～1522年	麦哲伦	西班牙	环球航行

3. 影响。

指导学生阅读教材并展开辩论：新航路开辟有哪些积极和消极的影响？（引导学生一分为二的看问题）最后归纳总结。

积极的：①新航路开辟以后，从欧洲到亚洲、美洲和非洲等地的交通往来日益密切，世界开始连成一个整体。

②欧洲大西洋沿岸工商业经济繁荣起来，促进了资本主义的产生和发展。引起所谓的“商业革命”。由于新航路的开辟，欧洲贸易范围空前扩大，西欧与世界各地区各民族之间的联系加强了，世界市场开始形成。欧洲贸易中心由地中海转移到大西洋沿岸，意大利的商业地位逐渐被西班牙、葡萄牙、英国和尼德兰所代替。第二，引起了所谓的“价格革命”。新航路开辟后，西班牙等国从殖民地掠回大量金银，西欧贵金属增加了三倍多，引起金银价值下跌，物价高涨，货币购买力降低。自16世纪30年代至16世纪末，西班牙的物价上涨四倍多，英法等国上涨2～2.5倍。资产阶级一面付出贬值的货币工资，一面以高价出售商品，牟取暴利。封建地主收取的定额货币地租，也受到价格革命的影响。价格革命是原始积累的因素之一，它帮助了西欧资本主义的成长。消极的：最早探寻新航路的葡萄牙和西班牙首先走上了对外殖民扩张的道路，此后，各个资本主义国家也纷纷走上对外扩张的道路，给亚非拉国家人民带来了巨大灾难。

三、小结

通过对本节课的学习，大家讨论一下，我们应该向文艺复兴的代表人物和航海家们学习什么？

四、板书设计

课题：资本主义时代的曙光

文艺复兴

根本原因：资本主义萌芽的产生和发展

核心思想：人文主义

实质：是一场新兴的资产阶级文化运动

代表人物及成就：

但丁	《神曲》	
达·芬奇	《最后的晚餐》	《蒙娜丽莎》
莎士比亚	《哈姆雷特》	《罗密欧和朱丽叶》

作用：为欧洲资本主义社会的产生奠定思想文化基础

新航路的开辟

根本原因：资本主义萌芽的产生和发展

代表人物及成就：

迪亚士	1487年	好望角
达伽马	1497～1498年	印度
哥伦布	1492年	古巴、海地
麦哲伦	1519～1522年	环球航行

影响：使世界开始连成一个整体；促进了资本主义的产生和发展

教学反思

根据新课程标准对学生能力培养的要求，以学生为中心，教师起组织者、引导者的作用。课堂上指导学生阅读教材、展开讨论、辩论、课外查找相关资料等方式，锻炼了学生的归纳、总结、整理以及动手能力，开阔了学生的视野，培养了他们的自主探究和自主学习、创新能力。

“蒸汽时代”的到来

——王咏梅

教材分析

本课是选自人民教育出版社初中教材《世界历史》九年级（上）第4单元“步入近代”的第4课。本课的主题是工业革命。工业革命是资本主义时期由工场手工业到大机器生产的一个飞跃，在世界历史中地位很重要。它是生产领域里的一场变革，又是社会关系的一次革命，是资本主义政治经济发展的必然结果。

课标要求讲述发明珍妮机的故事，了解英国工业革命开始于一系列工作机的发明。知道瓦特改进蒸汽机的史实，认识蒸汽机在大工厂生产中的作用。简述发明“旅行者号”机车的基本史实，认识铁路给人类社会带来的巨大影响。

讲述发明蒸汽机的故事、知道瓦特改进蒸汽机的史实、简述发明“旅行者号”机车的基本史实，这些属于识记层次，很容易得到目标；而了解英国工业革命开始于一系列工作机的发明，属于理解层次，需要教师正确引导和点拨；认识蒸汽机在大工厂生产中的作用、认识铁路给人类社会带来的巨大影响，则属于运用层次，这一层次对于初三学生来说有一定的难度。

学情分析

本课的教学对象是初三学生，他们具备了一定的知识基础，有了基本的分析和理解能力，自学能力也在不断提高，但有些抽象的问题还不能分析，需要结合他们自身的特点，运用生活里的内容来启发他们的思考。

设计理念

充分发挥培养学生的想象力和解决实际问题的能力，同时引出交通运输问题，带着新的问题继续学习。根据“自主合作探究”的理念，在教学中借助多媒体课件、采取创设情景、设置疑问、自主学习、讨论探究等方法，使学生主动参与、乐于探究，从而较好地达到教学目标。通过创设情景、设置疑问，引导学生思考、归纳、概括和回答问题，培养学生的历史分析能力。对于疑难问题，教师通过课本和有关辅助资料帮助学生理清线索，突出重点、突破难点。通过生生、师生的交流与合作，培养学生学习历史有关方面的能力。

教学目标

知识目标

知道哈格里夫斯发明珍妮纺纱机，瓦特改良蒸汽机，史蒂芬孙发明“旅行者号”机车；工业革命最先从英国开始，后扩展到欧洲、北美。

能力目标

形成初步使用唯物主义历史观解释历史现象的能力。

情感态度与价值观目标

认识伟大的发明创造来源于亲身实验、刻苦钻研、虚心学习，大胆探索和不懈努力。

教学重点

瓦特与蒸汽机，工业革命的影响。

教学难点

工业革命及其影响。

依据：工业革命是一个渐进的过程，其时限至少有一个世纪。就某一个国家而言，也不是在同一时间、同一地区发生。初中生因其社会阅历和知识结构的限制，对这一概念难以理解。

教学流程及评析

一、导入新课

创设情景，引入新知：多媒体展示1851年英国第一届世界博览会上展出的蒸汽机图片，教师作简要讲解，然后指出：蒸汽机是人类历史上具有划时代意义的发明，它使人类进入了一个全新的时代——蒸汽时代。由此导入新课。

二、讲授新课

（一）珍妮机的故事

你知道人类历史上第一台纺纱机机器是什么时候、在哪个国家、由谁发明的

吗？【指导学生阅读教材 88 页第一段内容，然后回答问题。】

人类历史上第一台纺纱机是 1765 年由英国织布工哈格里夫斯发明的，命名为珍妮机。

你了解英国吗？珍妮机的问世是不是偶然发现？为什么？【引导学生从政治、经济两个方面谈 18 世纪的英国。】

政治上：1640 年英国资产阶级革命开始，1689 年《权利法案》的颁布，使英国确立起资产阶级的统治，这为资本主义发展创造了必要的前提条件。

经济上：18 世纪中期，英国商品越来越多地销往海外，手工工场的生产供不应求，海外贸易迫切需要提高生产效率，促进了新机器的发明。

因此，珍妮机的发明不是偶然的。

珍妮机问世后在英国生产领域引起怎样的广泛影响？【引导学生思考。】

棉纺织业珍妮机的发明是英国工业革命的起点，点燃了机器的发明和使用的星星之火。

这点星星之火能不能形成燎原之势呢？

工业革命发生在 18 世纪 60 年代的英国，开始的部门是棉纺织业，这是英国政治经济发展的必然产物。

1. 工业革命开始的时间：18 世纪 60 年代。

2. 开始的国家：英国。

3. 开始的部门：棉纺织业。

4. 开始的标志：珍妮机的发明。

（二）瓦特与蒸汽机

【引导学生从珍妮机发明的历史中回到现实，从身边熟悉的工厂机器谈起，最早的机器使棉纺织机器，随后各行各业形形色色的机器层出不穷的诞生了，机器诞生的最大价值是更大限度地创造社会财富，推动时代进步。那么机器是什么力量驱动机器转动的呢?】

可能有人力、风力、水力、电力等等。

那么 200 年前，人们还不会使用电，所以可能使用的动力只有风力和水力。

但是使用水力带动机器要受到自然条件的限制，也就是要将工厂建在靠近河流的地方，而且冬季河流不能结冰，否则无法生产。

于是人们开始寻找更加方便、更加有效的动力。

1. 英国机械师瓦特改良了蒸汽机【引导学生阅读教材 89 页小字部分，了解瓦特的发明创造不是偶然的，得益于他从小就善于思考、勤于动脑的好习惯等等。】

2. 1785 年以后，瓦特改进的蒸汽机首先在纺织部门投入使用。

3. 瓦特蒸汽机出现以后，以蒸汽机为动力的大机器生产取代了手工劳动。

从此，人类进入了“蒸汽时代”。

（三）火车的发明

由于蒸汽机的广泛使用，当时的英国工厂轰隆隆的机器声不分昼夜，各种各样的商品堆积如山，步履蹒跚的人力畜力车辆能不能满足机器生产运输的需要呢？显然不能，那应该怎么办呢？【引导学生思考蒸汽机发明在生产领域带来的连锁反应。】

瓦特蒸汽机的出现也推动了交通运输工具的进步，人们开始设法用蒸汽机推动交通工具。

1. 美国人富尔顿首先造出了蒸汽机作动力的轮船；

2. 英国工程师史蒂芬孙利用蒸汽机发明了火车机车，1825 年，这列名为“旅行者号”的机车试车成功。

此后，铁路交通迅速发展，为人们的生产和生活提供了极大的便利，今天我们的生产和生活无时无地不在享受火车带来的便利。

（四）工业革命的完成

1. 英国完成工业革命的时间：1840 年前后。

2. 英国完成工业革命的标志：大机器生产代替了手工劳动。

3. 此后，法国、美国等国也都先后完成了工业革命。

（五）工业革命的影响

1. 工业革命创造了巨大的生产力，使社会面貌发生了翻天覆地的变化。

2. 工业革命后，资本主义最终战胜了封建主义。

3. 率先完成工业革命的国家逐步确立起对世界的统治，世界形成西方先进、东方落后的局面。

三、课堂小结总结本课的学习成果

开始时间	18 世纪 60 年代
开始国家	英国
开始标志	珍妮机的发明
时代特征	蒸汽时代
主要标志	蒸汽机的发明和使用
主要发明	珍妮机、瓦特改良蒸汽机、汽船、火车机车
影响	创造了巨大生产力，社会面貌发生翻天覆地的变化；资本主义最终战胜封建主义，西方资本主义国家逐步确立起对世界的统治，世界形成西方先进、东方落后的局面；带来了环境污染、殖民掠夺等。
启示	科技是第一生产力

教学反思

教学中我根据新课程标准的要求，以学生为主体。因此我设计了一系列探究问题，使学生在课堂上充分发挥主体作用，达到了较好的教学效果。

美国的诞生

……………王咏梅

教材分析

本课是选自人教版初中教材《世界历史》九年级（上）第4单元“步入近代”中的第3课。美国独立运动，是以民族解放战争的形式进行的一次资产阶级革命，具有双重性。从民族解放运动的角度看，美国是美洲第一个进行民族解放运动的国家；从资产阶级革命的角度看，它与英国资产阶级革命、法国大革命等都属于早期大革命时代。

课标要求简述《独立宣言》的基本内容，初步了解美国独立战争的历史影响，讲述华盛顿的主要活动，评价资产阶级政治家的历史作用。

课标要求的简述《独立宣言》的基本内容，这是识记层次，比较容易达到要求。而初步了解美国独立战争的历史影响、讲述华盛顿的主要活动，属于理解层次，有一定的难度。评价资产阶级政治家的历史作用，则属于运用层次，对于初中学生来说难度就更大了，但通过教师在教学中的引导，一部分学生还是可以达到要求的，这一层次可以提升学生综合运用历史知识的能力。

学情分析

初三学生对于历史事物的理解能力、分析能力、概括能力以及比较能力都有所提高，除了要加强以上这些能力的提高，更重要的是要培养学生自主学习和探究学习的能力。因此，在教学过程中，要求学生自学一部分教材上编写得较详细的内容，对于重难点我采用了问题探究法和讨论法，以培养学生自主学习的意识、主动参与、大胆质疑、创新等思维，使学生的智能和认识水平都得到发展。

设计理念

通过讲述美国独立战争的进程使学生认识到，落后地区的人民只要敢于斗争、善于斗争，就能最终战胜强大敌人，赢得国家和民族的新生，从而激发学生树立自强不息的民族精神。通过对美国 1787 年宪法内容的学习，使学生充分认识到该宪法在当时的进步意义，但又有阶级和时代的局限性。通过引导学生分析北美独立战争的背景、意义，提高学生归纳、概括历史知识的能力。通过分析比较《独立宣言》和美国 1787 年宪法，培养学生的比较能力以及把历史事件放在特定的历史条件下进行分析和评价的能力。采用图示教学法，注意选用课本中插图、节录的文献资料等辅助教学，这样能增强教学的直观性、趣味性，提高课堂效果。

要求学生积极参与教学过程，运用阅读理解方法去感知教材，运用分析比较方法去掌握知识并深化对教材的认识，运用整体认知方法去把握历史事件发展的内在联系。

教学目标

知识目标

了解英国在北美大西洋沿岸建立了十三个殖民地，英国对殖民地经济发展的压制，来克星顿的枪声，华盛顿，《独立宣言》的发表，萨拉托加战役，1787 年宪法等基本史实，进而掌握美国诞生的概况。

能力目标

形成识图能力、观察和分析图片及史料的能力、辩证认识历史问题的能力。

情感态度与价值观目标

认识北美是土著印第安人、欧洲等地移来的劳动人民和从非洲贩来的黑人共同开发的；美国独立战争是北美人民反对英国殖民统治，争取民族解放的正义战争；美国独立战争是民族解放运动，同时也是资产阶级革命运动；战争的结果，赢得了国家的独立，为资本主义在美国的发展开辟了道路，同时，对欧美的革命也起了推动作用。

教学重点

美国独立战争的起因、美国诞生的过程。

依据：北美独立战争的爆发可以说是必然的，美利坚民族的形成，启蒙思想的传播，北美殖民地经济的发展及英国对它的压制，学习这一内容，既有利于培养学生分析问题的能力，又能掌握一些历史唯物主义的基本观点。

美国诞生的过程内容复杂、头绪繁多、不易记忆。为帮助学生分析教材，掌握民族解放战争的一般规律和美国独立战争的特殊性，抓住线索记住美国诞生的主要事件和年代并做简要归纳就清晰多了。

教学难点

美利坚民族的形成和美国独立战争的性质。

依据：**1.** 因为美洲的土著居民是印第安人，但发动独立战争的北美人民是新的民族美利坚人，这个新的民族是怎样形成的？学生必须要弄清楚。

2. 关于美国独立战争的性质，要从双方的作战目的和战争的全过程来分析，它是一次“得道多助”的民族解放战争；从战争的表现形式来看，它是代表资产阶级利益的，而且为资本主义的发展初步扫除了障碍，所以，美国独立战争也是一次资产阶级革命。

教学流程及评析

一、导入新课

展示美国国旗，请学生观看后回答：

1. 旗上十三道条纹，五十颗五角星含义分别是什么？

2. 旗上红色、白色、蓝色分别象征着什么？启发学生结合星条旗展开想象，讨论，以此为起点教师导入新课：当今的美国大名鼎鼎，妇孺皆知，可是，200多年前，它却是英国的殖民地，北美十三个殖民地是如何摆脱英国的殖民统治，赢得独立的。今天我们就来学习“美国的诞生”。

二、进授新课

让学生通读教材，说出本节教学内容的知识结构——美国独立战争的背景、过程、结果。

（一）北美独立战争爆发的原因

对背景的学习，可引导学生自主学习的方法，由教师发挥主导作用，学生发挥主体作用，出示目标探究题：①结合史实分析英属北美十三个殖民地的概况；②史论结合谈一谈美利坚民族是怎样形成的；③英国对北美殖民地经济采取了什么政策？为什么？导致什么结局？要求学生以讨论的形式来回答这些问题？通过三个探究题使学生全面分析独立战争爆发的背景，随后教师给以补充、订正和总结，然后进一步提出一些问题（如战争的根本原因？直接原因或内因？外因等），帮助学生提高分析问题的能力。这种“自主学习法”符合启发式原则，体现了教师主导和学生主体的作用，也符合学生的生理和心理特点，提高学生学习历史的兴趣，达到传授知识和培养思维能力的有机统一。最后学生总结得出结论：

1. 英属北美13个殖民地的建立。

2. 美利坚民族的形成。（共同地域、统一市场、共同语言、文化）

3. 北美殖民地经济的发展和英国的压制和搜刮。（根本原因）

4. 北美人民反对英国殖民统治的斗争。

（二）北美独立战争的过程

请学生分组讨论，用最简便的方法写出独立战争的过程，并简要概括出独立战争获胜的原因，培养学生概括问题的能力教师在讲评过程中让学生在《美国独立战争形势图》中指出相应地点、标出时间、相关人物，【采用图示教学法，帮助学生形成正确的时空观，在看图识图的过程中了解掌握基础知识。】

1. 爆发：1775 年 4 月来克星顿枪声，标志着独立战争开始。

2. 建军：1775 年 5 月第二届大陆会议召开，选举华盛顿为大陆军总司令。“华盛顿是一个什么样的人呢?”简单介绍一下华盛顿，为后面评价华盛顿做铺垫。

3. 建国：1776 年 7 月 4 日通过《独立宣言》，北美殖民地独立。

指导学生阅读教材第 74 页宣言节录部分原文，然后引导他们分析讨论“如何评价《独立宣言》?”

《独立宣言》的发表，标志着北美脱离英国独立和美利坚合纵国的诞生，后来把 7 月 4 日定为美国独立日；《独立宣言》的进步性，表现在它反映了殖民地人民摆脱民族压迫的要求，包含了资产阶级对于民族独立、民主自由的主张。

4. 转折：1777 年萨拉托加大捷。

5. 受降：1781 年约克镇战役，英军投降，独立战争取得了胜利。

6. 独立：1783 年英国承认美国独立，标志着美国独立战争结束。

引导学生分析北美人民取得独立战争胜利的原因，提高学生分析问题的能力

胜利原因：

①北美人民进行的战争是正义的民族解放战争。

②人民群众的积极参加。

③法国、荷兰等国的国际援助。

（三）北美独立战争的结果：美国共和政体的确立

1. 1787 年宪法。

对“1787 年美国宪法”可以做如下处理：

首先由学生通过阅读教材第 75 页后概括出宪法的内容，接着引导学生阅读教材第 77 页“自由阅读卡”《美国宪法》然后请同学们思考：《独立宣言》上规定“一切人生来就是平等的”，为什么 1787 年宪法中对选举人有“资格”规定？如何客观评价 1787 年宪法？如何看待它和《独立宣言》之间的差距？以此激发学生积极思考，活跃课堂气氛，培养学生运用比较的方法分析历史问题的能力。

①内容：宪法确立美国是一个联邦制国家，规定总统既是国家元首，又是政府首脑，享有行政权；国会掌管国家的立法权；最高法院掌管司法大权。

②评价：确立了三权分立原则，是比较民主的资产阶级政治制度；但它保留了种族歧视的内容。

2. 美国联邦政府成立：根据1787年宪法的规定，1789年华盛顿当选为美国第一任总统。

（四）独立战争的历史意义

【启发学生从性质、国内意义、国际影响等方面归纳北美独立战争的意义，培养学生分析问题的能力。】

①性质：具有双重性，美国独立战争既是民族解放战争，又是资产阶级革命。

②国内意义：结束了英国的殖民统治，实现了国家的独立，确立了比较民主的资产阶级政治体制，有利于美国资本主义的发展。

③国际影响：对欧洲和拉丁美洲的革命也起了推动作用。

通过本节课的学习，我们认识了美国第一位总统华盛顿，大家试着评价一下华盛顿。从而培养学生分析评价历史人物的能力。

三、课后小结

为使学生对所讲内容有一个明确完整的概念，强调重点和难点，然后在教师的引导下，整理本节课的基本线索，巩固知识。

教学反思

根据新课标对学生能力培养的要求，教学中以学生为中心，教师起组织、引导的作用。因此，本节课我在教学中组织引导学生阅读教材，展开小组讨论等方式，锻炼了学生自主学习和探究问题的能力。

美国南北战争

王咏梅

教材分析

本课是选自人教版初中教材《世界历史》九年级（上册）第6单元“无产阶级的斗争和资产阶级统治的加强”的第2课。

美国南北战争在美国历史上具有承上启下、继往开来的作用，因此学习本课对美国资本主义发展史和世界资本主义发展线索都将有更深更新的认识，本课在教材中占有重要地位。

课标要求讲述林肯在南北战争中的主要活动，说出《解放黑人奴隶宣言》的主要内容，理解南北战争在美国历史发展中的作用。简单地讲，就是通过一人物、一宣言（一法律）的相关内容，来理解南北战争在整个美国发展史中的作用。

讲述林肯在南北战争中的主要活动、说出《解放黑人奴隶宣言》的主要内容，这属于识记层次，学生比较容易掌握。而理解南北战争在美国历史发展中的作用，则属于理解层次，对于学生来说有一定的难度。

学情分析

初三学生有一定的自主学习能力，再加上第四单元已经学习了“美国的诞生”，为本课的学习储备了一定的知识。因此在教学中我采用以学生讨论、探究为主，教师点拨为辅的方式。

设计理念

依据课程标准和教材内容，对教材结构进行整合，利用多媒体展示材料设计问题，指导阅读、分析材料，培养学生分析、归纳、理解材料的方法。

采用多媒体手段创设情境，引导学生讨论探究，参与课堂教学；引导学生综合、归纳本课中有关林肯的主要活动，训练学生客观地评价历史人物的方法。

教学目标

知识目标

了解和掌握美国南北战争爆发的起因、战争的主要事件、战争结局、战争性质和作用以及林肯在美国历史上的地位。

能力目标

了解人民群众与杰出人物在历史上的作用及其相互关系，形成正确评价历史人物的能力。

情感态度与价值观目标

认识残暴野蛮的制度最终是要被推下历史舞台的，民主、平等是不可抗拒的历史潮流。

教学重点

林肯在南北战争期间的作用。

依据：林肯一生的主要活动就是领导了南北战争，解放了黑人奴隶，为废除奴隶制而献身；从美国资本主义发展的过程来看，林肯政府扫除了美国资本主义发展道路上的又一障碍，为美国腾飞奠定了经济基础。

教学难点

南北战争的起因。

依据：当年在独立战争的时候，南北方一起携手反抗英国殖民压迫，取得了胜利，为美国走上独立自主的资本主义发展道路共同发挥了作用。可南北战争时，双方却变成了敌人。因此，只要弄清南北战争的焦点是黑人奴隶制的存废问题，不但战争的性质、战争的结局、战争的作用，甚至连南北战争是美国历史上的第二次资产阶级革命和以内战形式出现等问题都可以迎刃而解。

教学流程及评析

一、导人新课

通过黑人奥巴马的就职典礼结束后举行的花车巡游将终点选在了林肯纪念堂事件导入该课。让历史与现实相接，提高对历史学习的兴趣，体现了情感态度与价值观。今天我们就来学习林肯总统领导的“美国南北战争”。

二、讲授新课

（一）南北战争爆发的原因

让学生快速阅读课文并思考问题：独立后的美国在发展资本主义的道路中还存在着什么内部障碍？然后小组讨论，再让学生发言，交流讨论结果。通过该环节，培养学生的阅读理解，分析归纳，获取处理历史信息的能力。通过读全文，找障碍，这对基础较差的学生可能有一定的难度，因为书上没有明确的指出障碍是什么，这是要靠通过读全文，分析全文内容后才能得出结论的，这时安排小组讨论，既可以打破读书时沉闷的课堂气氛，更能加强学生的合作能力，如果学生的回答不是很好，老师可适当引导，帮助学生分析出独立的美国还存在着领土狭小，南北矛盾等障碍，培养学生从整体上去把握教材的能力。

1. 根本原因：南北两种经济制度的矛盾不可调和，奴隶制的存废问题成为南北双方矛盾的焦点。

2. 南北矛盾是本课的难点，让学生细读本目、讨论分析南北存在着哪些矛盾问题⟶学生发言，找出矛盾问题⟶归纳总结得出结论。

3. 根据学生的发言引导学生分析内战爆发的原因。

美国独立战争扫除了资本主义发展过程中的外部障碍，使北方资本主义经济和南方种植园经济都发展起来。而南方大种植园经济体制本身需要不断补充奴隶，海外棉花市场广阔，使适宜于棉花种植的美国南部黑人奴隶大增；开始于英国的工业革命后来扩展到美国，造就了美国资本主义经济的进一步发展，而北方资本主义工业需要大量自由的劳动力，随着北方资本主义经济的发展南方盛行的种植园奴隶制经济严重阻碍北方资本主义工业经济的发展。因此，南方种植园奴隶主坚决主张保存奴隶制；北方工业资产阶级主张废除奴隶制，在奴隶制的存废问题上南北双方矛盾不可调和，最终只能通过战争来解决。使学生理解南北两种经济制度的矛盾成为战争爆发的主要原因，也认识到废除黑人奴隶制和南北战争爆发的必然性。

4. 直接原因（导火线）：1861 年 3 月反对并主张逐步废除奴隶制的共和党人林肯当选为美国总统，南方奴隶主以此为借口发动叛乱，这是南北战争的导火线。因为林肯主张，为维护国家统一，应尽快解决美国的奴隶制问题，并通过和平方式废除奴隶制。他的主张得到人民的支持。使学生对林肯有初步的了解，特别强调他的优秀品质和他对奴隶制的看法，对学生进行思想教育。

（二）南北战争的过程

1. 爆发：1861 年 4 月南方挑起内战，美国南北战争爆发。让学生思考，使学生认识到战争的复杂性和艰巨性。

战争初期，北方虽然作战勇敢，但军事上不断失败，处于不利地位，如何才能反败为胜呢？引导学生阅读教材 113 页到 114 页的内容以及 115 页的活动探究题，使学生通过学习南北战争中林肯的活动，了解杰出人物在历史上的作用；对战争双方力量进行对比，以培养学生的比较分析能力。

最后总结得出南北战争中，北方能够获得胜利的原因是：①北方力量比南方强大；②人民群众的支持；③林肯政府的正确领导以及采取的积极措施。

2. 转折：1862 年 9 月林肯政府颁布《宅地法》和《解放黑人奴隶宣言》，让学生思考这两个法律文献颁布的必要性和重要性。《宅地法》的颁布，满足了人民对土地的需求；《解放黑人奴隶宣言》的发表，在全国引起巨大反响，广大黑人欢庆解放，踊跃报名参军，北方军队因此获得雄厚的兵源。这两项措施的实行，适应了广大人民群众的要求，充分调动了人民的积极性，促使北方在内战中扭转战局并迅速获得胜利。

3. 结束：1865 年 4 月，北方军队攻入“南部联盟”“首都”里士满，南方军队投降，南北战争以北方的胜利而宣告结束。

正当人们欢庆胜利的时候，林肯总统被拥护奴隶制的狂热分子刺杀。

（三）南北战争的历史意义

1. 战争的性质：南北战争是美国历史上的第二次资产阶级革命，因为前面有了独立战争为第一次资产阶级革命。

2. 作用：经过这场战争，美国维护了国家统一，废除了阻碍资本主义发展的黑人奴隶制度，扫清了资本主义发展的又一大障碍，为以后的经济迅速发展创造了条件。

在此，教师引导学生讨论维护国家统一的重要性，从而使学生认识到美国内战给我国解决台湾问题提供了怎样的可借鉴之处。

指导学生阅读教材中对林肯的评价部分，再引导学生分析完内战的意义后，让学生通过对林肯进行评价，认识到林肯一生的贡献及可贵的品质，不仅会受到美国人民的尊敬和爱戴，我们也应该学习他的优良品质。屏幕显示林肯画像及马克思对林肯的评价，使学生在伟人的评价中使情感得到升华。感悟到残暴野蛮的奴隶制终究会被推下历史舞台，民主平等是不可抗拒的历史潮流；为了国家进步、社会发展而献身的人历史是不会忘记的。

三、课后小结

今天我们学习了美国的南北战争，认识了一位杰出的历史人物林肯。最后我们比较一下美国历史上两次资产阶级革命的异同及华盛顿和林肯在美国历史上的作用。

教学反思

学起于思，思源于疑。通过以上各环节，设置一连串的问题，情景以及巧妙的过渡，有目的的启发诱导，充分发挥学生的主体性，激发学生的求知欲，点燃学生思维的火花，使学生在学习过程中主动地去探究，做到“读、看、听、想、议、说、记”。注重学生各种能力的提高，让学生学会学习、学以致用、学能致用、学能创新，重视教学过程的参与性、探究性，使学生在主动探究中体验学习的快乐、成功的享受。一切的课堂设计围绕一个主体：学生，一个原则：课堂轻松、充满未知，一个效果：不知不觉、意犹未尽。总体来看，课堂效果比较好，达到了预期目的。

明治维新

王咏梅

教材分析

本课选自人教版初中教材《世界史》第6单元的第3课。课标要求简述明治维新的主要内容，这属于识记层次；探讨明治维新在促进日本向资本主义社会转变的过程中所起的作用，这是理解运用层次。

设计理念

本课课标的要求是通过简述明治维新的主要内容，达到探讨明治维新在促进日本向资本主义社会转变中所起的第一个层次识记要求，而“探讨明治维新在促进日本向资本主义社会转变中所起的作用的目的”则属于课标要求中的第三个层次理解运用要求。明治维新所有的内容都作为教学的重点去分析。在本课，我侧重于明治维新在经济和社会生活方面内容的分析，来探究明治维新在日本资本主义发展中的作用，在教学过程中让学生体验“论从史出”的历史方法。

教学目标

知识目标

记住最先打开日本国门的国家，倒幕派的组成力量、明治维新开始的时间和主要代表人物；归纳、概括幕府统治危机的表现和明治维新的主要内容；理解、分析明治维新的性质和作用。

能力目标

分析明治维新的背景、内容、影响、性质，形成分析、归纳能力、理解能力和概述能力；能分析、讨论明治维新取得的积极成果和带来的不利影响。

情感态度与价值观目标

通过明治维新，日本走上了发展资本主义的道路，实现了民族的振兴，成为亚洲的强国。使学生形成善于学习别人长处的美德。

教学重点

明治维新的内容及作用。

教学难点

明治维新的背景和评价。

教学流程及评析

一、导入新课

什么是明治维新呢？“明治”指日本天皇睦仁的年号，“维新”即改革。（明治维新是指日本明治政府向西方学习，使日本走上资本主义道路的资产阶级性质的改革）

日本是在怎样的情况下进行这次改革的呢？

二、讲授新课

（一）明治维新的背景（课件显示各类图片）

从中你感觉日本当时存在什么问题？（学生分组讨论概括）

1. 幕府统治的危机。

（指导学生阅读教材，了解19世纪中叶日本的基本情况，简介幕府和幕府统治）

幕府统治的危机主要表现在哪些方面？依据是什么？

学生回答后教师补充、归纳：

（1）国内危机：社会矛盾尖锐。

依据：①幕府封建统治阻碍了日本资本主义的发展（强调：这是明治维新的根本原因）；②新兴资产阶级和下级武士要求改变现状，农民和市民不堪忍受剥削不断起义。

（2）民族危机：西方列强的入侵。

依据：1853年，美国舰队入侵日本，签订不平等条约，俄、英、法等也沿例炮制，日本面临沦为半殖民地的危险。

2. 武装倒幕的开展。

（指导学生阅读教材，讨论并回答以下问题）

①倒幕派的主要力量有哪些？

②武装倒幕的经过如何？

③倒幕的结果怎样？

（学生回答后教师展示倒幕经过进程示意图）

要求改革，形成倒幕力量（拥立明治天皇）→发布讨幕密诏，幕府挑起战争→打败幕府军（乌羽、伏见激战）→推翻幕府统治→迁都东京，消灭残余势力

归纳：幕府统治推翻后，建立了以明治天皇为首的地主和资产阶级的联合政权（这是明治维新的前提条件）。

（二）明治维新

1. 明治维新的时间、代表人物和口号。

（学生阅读教材回答）

“富国强兵”就是要国家独立，“殖产兴业”就是要经济工业化，“文明开化”就是要文化、生活西方化。在这样的口号下，日本政府采取了哪些具体措施呢？

2. 明治维新的主要内容。（学生分组讨论后，教师总结）

①在政治上，废藩置县，全国分为3府72县，由中央直接治理，使日本成为天皇统治下的中央集权制国家。

②在经济上废除重重关卡和行会制度，兴办工商业，引进西方技术；允许土地自由买卖。

③在文化教育上采用欧美学制，设立新式学校，实行小学义务教育，发展中等和高等教育。

④在生活上，革除旧习，提倡欧美生活方式，穿西服，吃西餐。

⑤在军事上，废除武士制，实行征兵制，建立效忠天皇的“皇军”。

明治维新在这五方面的措施，分别起到了什么作用？（学生分组讨论，师生共同分析后得出结论）

①政治上废藩置县废除了封建领主土地所有制，消除了封建割据，巩固了新政权，所以其作用就是——扫除了资本主义发展的阻碍，为日本资本主义发展创造了有利条件。

②经济上的措施，实质上就是运用国家政权的力量，加速资本的原始积累，扶持和保护资本主义企业，所以其作用是——促进了资本主义发展。

③文化教育上的措施，发展了近代教育，培养了资本主义发展所需要的各类人才。

④生活上的措施，革除了旧习，减轻了改革的阻力。

⑤军事上的措施增强了日本的军事力量，并导致了对外侵略扩张。

（三）对明治维新的评价

1. 性质：自上而下的资产阶级改革。

师：明治维新采取了一系列发展资本主义的措施，使日本走上了资本主义的道路，而这次改革是日本最高统治者天皇以政令的形式发布展开的，所以是自上而下的资产阶级改革。

2. 历史作用：对内，使日本走上了资本主义道路，并不断强大；对外，使日本摆脱了沦为半殖民地的危机，成为亚洲近代唯一民族独立国家。

3. 局限性：改革不彻底保留了大量的封建残余，如“天皇制”。

三、小结

明治维新使日本走上了发展资本主义的道路，成为当时亚洲唯一保持了民族独立的国家。在明治维新 30 年后，中国也进行了一次同样性质的改革——戊戌变法，结果以失败告终。为什么日本的明治维新成功了，而中国戊戌变法却失败了呢？我们从中可得到哪些启示呢？（学生分组讨论）

教师从以下方面小结、补充：

1. 从国际环境上：列强对日本的侵略尚不深入，而帝国主义掀起了瓜分中国的狂潮，不愿意看到一个强大的中国崛起。

2. 从改革阻力上：日本阻碍改革力量（幕府统治）在改革前被武力推翻；而中国顽固派掌握着国家实权，力量强大。

3. 从群众基础上：日本充分发挥了社会各阶层人士的力量，尤其是充分利用人民力量，社会基础坚实；而中国维新派脱离群众，对广大人民群众没有进行宣传发动，社会基础薄弱。

4. 从领导力量上：中国维新派把希望寄托在一个没有实权的皇帝身上而日本倒幕实力派领袖（明治三杰）则进入了政权核心，握有实权。

教学反思

根据新课标对学生能力培养的要求，以学生为主体，教师起组织引导的作用，因此在本课的教学设计中充分发挥了学生的主导作用。学习历史，不应该是单纯的历史知识的学习，重要的是世界观的培养，通过本课的学习让每位学生树立一种责任感，学会对自己的行为有一种担当。

第一次世界大战

……………………王咏梅

教材分析

本课选自人教版初中教材《世界历史》第7单元“垄断资本主义时代的世界”的第2课。第一次世界大战是人类有史以来第一次世界规模的战争，它改变了世界政治经济格局，成为人类历史的转折点。

课标要求简述“三国同盟”“三国协约”的组成国及相关条约的主要史实，了解欧洲两大军事对抗集团形成的严重后果。讲述萨拉热窝事件的主要过程，认识突发事件对人类和平的威胁。以凡尔登战役为例，认识第一次世界大战给人类社会带来的巨大灾难。

“简述、了解、讲述”属于识记层次，容易达到要求。“认识”则属于理解层次，有一定的难度，要认识突发事件对世界和平的威胁，就要了解它之所以发生的原因是从19世纪下半叶到20世纪初，资本主义国家开始从自由资本主义向垄断资本主义过渡，各帝国主义国家争夺海外殖民地的斗争趋于白热化，此时奥匈帝国和塞尔维亚两国的民族矛盾也到了白热化的程度，但是刺杀事件并没有解决民族矛盾反而为军国主义提供了发动战争的借口结果是令人痛心的。

学情分析

本课的教学对象是初三学生，他们已经掌握了一定的历史思维基本方法，具备了一定的能力基础，熟悉了研究性学习的模式和步骤，对问题的探讨充满热情和自信，但在挖掘历史现实意义方面尚有欠缺，个别同学的思想认识还比较肤浅。因此，依据课程标准要求，为了使学生已有的知识水平和能力能得到进一步发展，我在教学中采取指导学生阅读、分析材料、观看影视录像、讨论等方法，培养学生自主学习的能力。

设计理念

本课围绕着“资本主义政治经济发展不平衡导致帝国主义国家间矛盾的不断发展”阐述了“一战”爆发的原因、性质、经过和影响。将教材的前两个子目合在一起，都作为“帝国主义国家之间的矛盾”。因为，“两大军事集团的形成”实际是“帝国主义国家之间的矛盾”的发展。这样，一是使教材更紧凑、充实、完整；二是使本课内容更加简明，突出主线，提供与本课相关的资料并设置情景，以便发展学生的思维，开阔学生的视野。

教学目标

知识目标

了解第一次世界大战爆发前经历了长时间矛盾与冲突的酝酿。

能力目标

了解其“导火线”萨拉热窝事件的作用，认识突发事件对人类和平的威胁。

情感态度与价值观目标

认识战争给人类发展和进步带来的严重灾难，形成热爱和平、远离战争的现代意识。

教学重点

第一次世界大战的原因、性质。

依据：帝国主义国家的矛盾属19世纪末20世纪初国际关系史的内容，前与“主要资本主义国家向帝国主义过渡”相连，后和“第一次世界大战”相接，是“一战”爆发的根本原因，是学生形成知识结构、发展思维能力的关节点。

正确认识第一次世界大战的原因有助于揭示帝国主义战争发生发展的规律，进而找到制止战争，保卫世界和平的途径，具有较强的现实意义。

教学难点

“一战”的影响。

依据：此处是学生认知水平提高的台阶，也是学生能力形成的障碍。由于世界现代史初期的许多问题都与此次大战的影响有关，因此，学习这部分内容又是学好世界现代史的关键所在。

教学流程及评析

一、导入新课

播放电视片《萨拉热窝事件》片段，问：塞尔维亚青年为什么要刺杀斐迪南大公？引起这次世界大战的原因有哪些？今天我们就来学习“第一次世界大战”

二、讲授新课

(一）第一次世界大战爆发的原因

(引导学生讨论第一次世界大战爆发的原因，从而提高他们独立思考和从不同角度分析问题的能力。)

两次工业革命的影响：

第一次工业革命完成后，英法俄发展成为老牌资本主义国家，特别是英国占有了大量的海外殖民地，成为最强大的资本主义国家。

引导学生阅读分析教材 132 页黑体字德国外交大臣皮洛夫的话：“让别的国家分割大陆和海洋，而我们德国满足于蓝色天空的时代已经过去，我们也要求阳光下的地盘”。

这是 19 世纪末 20 世纪初德国外交大臣皮洛夫的一段话，“要求阳光下的地盘”就是德国要求重新瓜分世界，争夺世界霸权。

第二次工业革命美德后来居上，在 19 世纪末 20 世纪初成为头号、二号资本主义强国。与实力对比变化相反，各帝国主义国家对殖民地和势力范围的占有状况未变。因此，后起的资本主义强国要求按照新的实力对比重新瓜分世界。由于资本主义政治经济发展不平衡，帝国主义国家间围绕着争夺殖民地、争夺世界霸权，展开了激烈的争斗。

1. 根本原因：资本主义政治经济发展不平衡。

帝国主义国家之间的矛盾十分尖锐，各帝国主义大国出于自身利益拉帮结派寻找盟友，最终形成了两大军事集团：三国同盟和三国协约。

2. 主要原因：两大军事集团三国同盟和三国协约。

两大军事集团形成后，加紧扩军备战，这加剧了世界的紧张局势，一场大战一触即发。在战前，局势最紧张最敏感的地区是哪里？欧洲的巴尔干半岛成了随时可以爆炸的火药桶，只等一粒火星将它引爆。这粒火星是什么事件呢？那就是萨拉热窝事件。

3. 直接原因（导火线)：萨拉热窝事件。

萨拉热窝事件成为第一次世界大战的导火线，德奥把这个事件看成是发动战争的极好借口，趁机挑起了大战。

引导学生讨论分析评价“萨拉热窝事件”：刺杀、爆炸等行为属于恐怖主义行为，不是被压迫民族反抗民族侵略的良策，它解决不了民族矛盾，反而成为奥匈帝国挑起世界大战的借口，教训是深刻的，后果是灾难性的。热血青年在维护民族利益的同时，要尽力避免盲目采取偏激行动，避免给世界和平造成威胁。

（二）第一次世界大战的过程

1. 爆发。

萨拉热窝事件后，德皇威廉二世疯狂地叫嚷："这是个千载难逢的机会!"奥匈帝国经过与德国策划，于 1914 年 7 月 28 日向塞尔维亚宣战，第一次世界大战爆发。德国和俄、英、法很快卷入战争。大战全面爆发了。

2. 交战双方：同盟国集团和协约国集团。

同盟国：德国、奥匈帝国。

协约国：英、法、俄、意、塞尔维亚、美、日、中等国。

意大利原来不是三国同盟的成员吗？为什么加入协约国一方对自己的盟友开战，这说明了什么？意大利参加一战完全是为了谋取自身的利益，它望风使舵后就加入协约国一方。就帝国主义国家之间而言，只有利益的结合，毫无信义而言。因此，我们说第一次世界大战是非正义的帝国主义掠夺战争。

3. 主要战役：凡尔登战役。

大战开始后，战场主要集中在欧洲，法英军队同德军在西线展开了激战，西线成为第一次世界大战期间的一个主要战场。1914～1915 年，德军在各个战场都没有取得决定性胜利，急于改变战场局面。1916 年，德军集中大量兵力向法国的凡尔登要塞发动了进攻，交战双方争相使用了各种新式武器，如毒气等，造成了大量的人员伤亡，双方共有 70 多万人伤亡，因此这次战役被称为"凡尔登绞肉机"。

就在凡尔登战役激烈进行时，为了减轻凡尔登法军的压力，英法联军在索姆河一带对德军发动了大规模的进攻。在这次战役中，英军首次把新式武器坦克投入战场。索姆河战役的规模和激烈程度都超过了凡尔登战役，这次战役双方军队的损失人数在 120 万人以上。

凡尔登战役和索姆河战役之后，双方重新进入阵地战，由于德国的人力和物力资源都远不如英国和法国，长期的消耗战明显对德军不利，从此德军开始走下坡路。

第一次世界大战的激烈程度远远超出人们的想象，战争的范围和参战的国家不断扩大和增加。

4. 加速战争结束的事件。

①美国的参战：1917 年，美国对德宣战，加入协约国。

引导学生分析美国参战的目的及影响，从而进一步来理解一战的性质。

大战爆发后，美国总统威尔逊就发表了"中立"声明。美国真的"中立"了吗？

在战争初期，美国以“中立”为幌子，同交战各国做生意，大发战争横财。大战结束时，美国不但还清了债务，还借出了100亿美元给协约国。

美国的中立是一种伪装的和平。1917年，当交战各国都已筋疲力尽的时候，美国看准时机，加入到协约国一方是为了捞取战利品，争夺世界霸权。美国的参战增加了协约国的力量，加速了大战的结束。

②1917年11月，俄国爆发十月革命。十月革命后，俄国退出了大战，加速了大战的结束。

③1918年奥匈帝国瓦解，退出大战，加速了同盟国集团的失败。

5. 大战结束。

1918年11月，德国投降，历时四年多的第一次世界大战以同盟国的失败而告终。

6. 大战的影响。

大战结束了，但战争却给世界留下深刻的影响。大战给世界带来了哪些后果呢?

①规模巨大，战火波及欧洲、亚洲和非洲，卷入30多个国家和地区的15亿人口。

②这场帝国主义战争给各国人民带来了深重的灾难，参战各国共死伤3000多万人，其中被战争、饥饿、疾病等夺去生命的人超过1000多万人。还造成巨大的经济损失。

7. 大战的性质。

第一次世界大战是一场非正义的帝国主义战争。尽管塞尔维亚是为了保卫民族主权而进行的民族解放战争，但这并不能从根本上改变整个战争的非正义性。

三、课后小结

19世纪末20世纪初，美、德、英、法、日、俄等主要资本主义国家相继进入帝国主义阶段。由于政治、经济发展不平衡，形成同盟国、协约国两大军事集团，国际关系日趋紧张，最终引发了一场帝国主义的掠夺战争——第一次世界大战。第一次世界大战给世界人民带来了深重的灾难，给我们留下的思考、教训也是非常深刻的。战争是残酷的，和平是美好的。因此，我们要珍爱和平，反对战争。

教学反思

教学中通过组织学生观看有关影视录像片，加深对世界大战给人类社会带来空前灾难的认识，树立热爱和平的意识。

教学中教师引导学生对一战前和一战中各国之间关系的分析，有利于学生树立维护祖国利益的观念，有助于培养学生用正确的思想观念分析和认识当今国际社会的重大问题，引导学生为维护世界和平而贡献力量，具有很强的现实意义。

第三部分

初中地理人教版

教学设计说明

现代社会要求公民能够科学、充分地认识人口、资源、环境和社会等相互协调发展的重要性，树立可持续发展观念，不断探索和遵循科学、文明的生产方式和生活方式。这对义务教育地理课程改革提出了新课题。

初中地理课程是义务教育阶段学生认识地理环境，形成地理技能，树立可持续发展观念的一门必修课程。它兼有社会学科和自然学科的属性，既与物理、化学、生物等自然学科紧密相连，又与历史、思品等社会学科密切相关，是唯一一门跨文理两大科学门类的学科。这不仅使地理学科本身有了兼顾文理的特点，也使地理教学方法有了综合化的要求。基于这样的思考，在本部分教学设计，在内容上精选了初中地理教材中有代表性的12个题目；在方法上强调学生为主，活动为主，形象教学为主的原则；在呈现形式强调现代教学手段的运用，使教学设计更加丰富和个性化。

大洲和大洋

何宏权

教材分析

教学课题选自人教版七年级地理第二章“陆地和海洋”第一节“大洲和大洋”。本课是学生从整体上认识社会生活的空间概念的重要组成部分，也是学生学习自然及人文特征的基础。课文主要介绍七大洲和四大洋的名称及位置分布和海陆面积比例；大陆、岛屿、大洲、海峡等一些基本概念；陆地及海洋对人类生产和生活的意义。在教学过程中应充分利用地图和图片等直观资料，以加强学生的理解，化抽象为形象。

学情分析

初一学生对地理还未形成观念，还是对有色彩，动画的形象事物极感兴趣，在幻灯中多放图片，尤其是有动画的图片，既可以提高学生学习的积极性，也可以更感性地让学生形成地理观念，进而爱学地理，会学地理，学好地理。

设计理念及教学方法

《新课程标准》倡导“改变地理的学习方式”的理念。在教学过程中，为突出重点，突破难点，使学生既学到知识，又掌握方法，从而形成能力，较好地达成课前预设的教学目标，本节课采用以“问题探究”的教学方法为主，并穿插其他教学方式。学习地理最重要的工具是地图，同时还需要大量的景观图片，多媒体幻灯是最好的载体。本节内容有“海陆分布”，“东西半球”等地图，用幻灯展示，一目了然。在准确记忆大洲和大洋的位置时，用动画更能准确表明位置。判断分析世界之最时，动画表现更直观。教师可准备：“东西两半球”图、海陆面积之比的饼状示意图、海峡的图片，制作七大洲、四大洋的多媒体课件。学生可准备：课前收集一些有关七大洲、四大洋的材料和图片。

教学目标

1. 利用地图了解世界海陆的分布特征。

2. 在地图上能识别大陆、岛屿、半岛、大洲以及大洋和海峡。

3. 在空白的世界地图上说出七大洲和四大洋的名称、位置、轮廓以及分布特征。

4. 能举例说明海洋对人类生存及发展提供的重要作用。

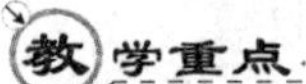

教学重点

七大洲和四大洋的名称及分布位置。

教学难点

大陆、大洲、岛屿、海峡的概念。

大洲和大洋的空间分布。

教学流程及评析

一、新课导入

【叙述】今天我们用所学的地图知识，探究地球上大洲和大洋的有关知识。【利用知识迁移，提出利用地图，激发学生学习的兴趣，创设情境，由此导入新课，使学生很快进入新课学习的氛围。】

二、新课教学

【叙述】我们人类生活在陆地上，地球表面还有更广阔的海洋。

【展示】“海陆分布”图。——幻灯展示

【提问】1. 陆地和海洋的面积哪个大？

2. 估算一下陆地和海洋分别占地球总面积的比例。

【教师用具体的语言描述，创设地球表面大小的形象情境。学生观察“海陆分布”图，估算海陆面积，比较海陆面积大小。然后回答并请学生评判。】

【展示】“海洋和陆地面积比例示意图”。——幻灯展示

【提问】从地球上海洋和陆地所占的比例看，谁能给地球取个“别名”？

【总结】对，其实地球是一个名副其实的“水球”。【用饼状图直观展示海陆面积比，请学生给地球取“别名”，引导学生小结。】

【小结】地球是个蓝色的星球，海洋是生命物质的起源地，陆地是人类生息的繁衍地。【学生读“大陆、半岛、岛屿与海洋”图。】

【提问】未被海水淹没的这样大块的陆地，我们称它什么？【学生读图回答。】

【提问】这块面积较小的，四周被水包围的陆地称什么？它一般都散布在哪里？【学生思考回答。】

【叙述】三面临水、一面与大陆连接的陆地称半岛。

【提问】你知道哪些岛屿或者半岛的名称？——幻灯展示【学生寻找岛屿和半岛。并在“世界地形图”上寻找具体的大陆、岛屿、半岛的名称。】

【叙述】请同学们课外去查查世界最大岛屿是哪一个。

【提问】你们知道大洲与大陆的区别吗？【学生看图回答。】

【总结】大陆和它附近的岛屿合起来叫大洲。

【提问】地球上共有几个大洲？【学生看图回答七大洲的名称。教师用多媒体在空白的“东西两半球”图上，根据学生回答依次出现名称。】

【提问】七大洲中，主要位于东半球的大洲有哪些？主要位于西半球的大洲有哪些？【学生阅读“东西两半球”图并回答。】

【质疑】南极洲呢？【学生观察讨论。】

【提问】各大洲在东西、南北半球的位置。跨经、纬度最多的洲。——幻灯展示【学生观察，回答，填图，记忆。讲练结合，使知识及时得到巩固。通过找图、填图，培养学生正确的空间概念。】

【承转】同学们了解了七大洲，知道陆地是人类的栖息地，现在请你们再来关注一下海洋。【学生读图，填图，记忆。强调学生自身提取信息的能力。学生的阅读地图能力，不仅使学生会看地图，更重要的是让他们能理解和分析地图，并运用地图说明问题，使学生理解地图的语言。】

【总结】大洲和大洋之间的相对位置很重要。

【展示】更换不同投影的地图记忆。——幻灯展示

【板画】一笔画七大洲分布图，并与学生一同填图。

【小结】我们要学会充分利用有关资料、图片、地图等工具学习掌握相关知识。

【提问】这节课我们学了些什么？还有哪些问题？

学生小结本节课所学内容，教师补充完整；并把主要内容有条理地清晰地展现出来，形成知识网络。

学生畅谈自己的收获，并提出存在的疑问。

【练习】1. 幻灯展示空白图及学生互动练习。

2. 空白板画练习。

教学反思

学生对有色彩的，有动画的教学幻灯很有兴趣，在好看和实用之间，只有深深地了解自己的学生，才能准确地把握其间的度。引导学生对学习的情况进行互评，学生利用有关图片、地图等资料说明问题。这种师生互评及学法指导

的设计，目的是强调过程，注重个性化，改变以往只追求唯一的、固定结论的状况。

人口与人种

……………………何宏权

教材分析

教学课题选自人教版七年级地理第四章“居民与聚落”第一节“人口与人种”。

本章从人地关系的角度，阐述了有关人口地理方面最基本的一些知识，为今后学生参加生产实践和进一步学习打下基础。人的生存离不开自然环境，所以本章安排在自然环境后。教材阐述人口地理方面的基本知识和理论的同时，突出人地关系的和谐发展，即人口的发展要与社会，经济的发展相适应，与环境资源相协调。教材安排了“世界人口的增长”，“世界人口的分布”，“人口问题”，“不同的人种”等内容，一般安排2～3课时，其中人口的增长、分布及人口问题是人口地理中最基本的知识，也是学习本章各部分知识的基础。本教学设计是针对第一课时，主要安排“世界人口的增长”，“人口问题”等内容，而把“人口的分布”放在第二课时，这样的安排更能突出知识的关联，更能合理的安排课时。

学情分析

学生第一次接触人文方面的知识，有可能激发学习兴趣，也有可能根本不入门。激发兴趣是因为要学习的对象是我们人类本身，不入门是因为最终要落实到各种抽象的理论上。学生兴趣会落在各种有趣的事情上，如人口问题。人口问题是目前社会上出现频率较高的话题，让学生自由地讲述，辩论，这样可以最大地调动学生的积极性。另外，各个国家及社会各界对人口问题的关注也有助于学生的兴趣的提升和知识的理解，进而因势利导地把抽象的理论落实。

设计理念及教学方法

《新课程标准》倡导“改变地理的学习方式”的理念。在教学过程中，为突出重点，突破难点，本节课采用启发式教学方法为主，并穿插其他教学方式，如

学生讨论，问题探究。这样使学生既学到知识，又掌握方法，从而形成能力，较好地达成课前预设的教学目标。本节内容，教材安排了大量的景观图片，多媒体幻灯是最好的载体。教师可准备：多媒体课件。学生可准备：课前收集一些有关人口问题的材料和图片。

教学目标

1. 运用资料说出人口增长的特点。

2. 举例说明人口问题对环境及社会、经济的影响。

3. 通过了解世界人口问题，初步形成正确的人口观，意识到“控制人口数量、提高人口素质”的紧迫性，并从中学会用辩证的眼光去分析问题，树立可持续发展的观念。

教学重点

自然增长率及意义。

教学难点

不同国家及不同阶段的自然增长率特征。

教学流程及评析

一、新课导入

【叙述】2011年人口方面的一件大事是70亿人口日。

【展示】有关70亿人口日报道的相关资料及图片。【利用时事政治，既呼应生活中有用的地理的理念，又能调动学生的积极性。学生兴趣很高地进入到人口知识方面的学习。】

二、新课教学

【提问】刚才我们的问题应该是人口中的什么问题？地球上一直是这么多人口吗？【学生回答——数量，并思考人口数量是变化的，一般情况是增长的，自然地引出人口增长的问题。】

【展示】“世界人口增长曲线图”——幻灯展示

【提问】描述人口增长的基本特征。【学生用具体的语言描述，其他的同学可补充。教师总结，并提醒可落实到课本中。】

【提问】为什么人口古代增长得慢，近代开始加快？【学生开始说各种原因，一般集中在战争，疾病，灾难上，调动学生的发言的同时，要控制好课堂

气氛。】

【总结】对，同学们说的原因都很对，不过我们要注意到，人口的增长除了与死亡的人数有关，还应该与出生的人数有关。那么古代的出生人口的情况怎么样呢？【学生探讨后，教师小结。】

【小结】人口的增长与出生率和死亡率有关，出生率减去死亡率就是自然增长率。

【展示】《世界各大大洲或地区人口数（2010）和平均人口增长率（2005—2010）》——幻灯展示

【提问】观察数据，不同国家的自然增长率不同，可以如何分类。【学生根据数据回答，有一定难度，教师适当点拨，也为今后讲述发达国家与发展中国家做铺垫。】

【叙述】欧美等发达国家人口自然增长率低，人口增长慢；亚、非、拉美等发展中国家人口自然增长率高，人口增长快。

【提问】为什么？【学生思考回答。这个问题学生也不好答到点上，提醒学生从发达和发展中国家的区别上分析，教师可总结，人口的增长要与经济发展相适应，与以后要讨论的人口发展中的问题相呼应。】

【叙述】以后我们要讲到，世界上大多数国家是发展中国家，所以目前，世界人口的增长是很快的。

【展示】“世界人口增长示意”——幻灯展示

【提问】这些数据说明什么？【学生回答，越来越快。】

【叙述】每年新增加的人口数高达8000万，相当于一个德国的人口。

【讨论】请同学们说说人口增长过快会带来什么问题？我们如何应对？【学生讨论，发言，总结。】

【提问】欧洲人也这样做吗？【学生讨论回答人口增长过慢的问题，并探讨如何应对。】

【总结】人口的发展要与社会，经济的发展相适应，与环境资源相协调。

三、小结

人口和人口问题是我们身边实实在在的事情。这堂课后，我们就可以开始从理论的高度思考这些问题了。

【提问】这节课我们学了些什么？还有哪些问题？【学生小结本节课所学内容，教师补充完整；并把主要内容有条理地清晰地展现出来，形成知识网络。（见板书）】

四、练习

幻灯展示知识点及学生互动练习。

五、板书

一、人口的数量

二、人口的增长

1. 古代：缓慢

2. 近代：加快

3. 自然增长率：出生率—死亡率

三、人口问题

教学反思

学生在进行完枯燥、生涩难懂的自然地理中的气候学习后，一下子进入到完全不同的类型的内容的学习，而这个内容又恰恰是学生身边的、很感兴趣的、学生知道很多实际事例的内容，被压抑了几堂课的表现欲，有可能在这几堂课爆发。我的几次实际经历说明，控制好课堂的气氛可以说是本堂课及以后几堂课成败的关键。控制好时，学生发言踊跃，观点表达明确，内容进展顺利，知识掌握准确。反之，上不下去课的情况也发生过。认真地分析不同班级的不同的学生状况，进而采取不同的教学方法，是决定本节内容教学成败的一个重要因素。

国家和地区

……………………何宏权

教材分析

教学课题选自，人教版七年级地理第五章“发展与合作”——“国家和地区”。

本节内容是七年级上册教材最后一章的内容。教材内容没有分节。本章的标题是“发展与合作”，说明本章的重点是认识世界地区经济发展是不平衡的，并了解国际合作的重要性。而要认识到世界地区经济发展是不平衡的这个主题，了解世界上不同的国家和地区的基本状况是讲述主题思想的前提，是了解世界地区发展差异的背景。最新版教材把介绍国家和地区的基本情况的这一部分内容删除了，个人认为老版教材安排第一个标题讲述“国家和地区”是非常合理的。它从面积、人口、政治制度上讲述国家之间差异，过程中要涉及到国界，领土等内容。在时间允许的条件下，把这部分内容介绍给学生很有必要。所以我认为把课时安排安排为 2 课时，第一课时参考老版教材介绍国家的基本情况，第二课时讲述“地域发展差异”可看作是国家差异内容的延续，水到渠成地进行本章的主题——经济的差异的讲述。本教学设计针对第一课时，老版教材国家和地区差异的介绍。

学情分析

现在很多家庭中有“世界政区”挂图，许多国家和地区的名称对学生来说已不陌生。故本节内容相当多的知识点学生已经知道甚至熟悉了。应该说学生的兴趣调动不成问题，而在学生感兴趣的基础上，如果仅仅是干巴巴地罗列相关的知识点，简单重复地呈现给学生，学生一定会大失所望。故我在设计本节内容时，在形式上，我要求奇求新，而在内容上，我也加入了一些学生很感兴趣且又紧密联系本节内容的知识和趣事。此外，本节内容中，还有一些是学生容易在常识认知中产生偏差的知识点，这方面要详细介绍。

设计理念及教学方法

《新课程标准》倡导“生活中有用的地理”的理念。国家和地区是生活中经常接触的内容。本节课内容，教师讲述较多，并结合学生读图、说明、记忆等方法。从刚才的教材分析和学情分析来看，本节内容需要理解的知识点较少，大多是简单知识点的罗列，而学生对这方面又不陌生，所以调动学生积极性，把一些简单的，学生不陌生的知识点，由学生复述并记忆，最终落实到地图中。而教师则对学生感兴趣，而又不熟悉的一些知识内容进行讲述。形式上，利用多媒体课件，把不同国家的差别的不同方面，放在一个操作界面上，讲述什么内容，则操作什么内容，学生会对这种形式感兴趣。内容上，要加入一些国界的趣闻，领土定义的理解等学生不知道，不熟悉的内容。教师准备：“世界政区”挂图，多媒体课件。学生准备：书后“世界政区图”。

教学目标

1. 运用地图指出不同的国家和地区的差异。

2. 了解国界，领土等基本概念。

3. 了解面积，人口等居前列的国家的名称。

教学重点

国家和地区基本概况。

教学难点

运用地图记忆国家名称。

教学流程及评析

一、新课导入

【叙述】最近热点的国家是利比亚，叙利亚，阿富汗等。它们为什么会被以美国为首的一些国家欺负，美国和这些国家有什么区别呢？

【展示】“世界政区图”，指出以上国家。【利用世界热点国家导入，学生兴趣较高，容易进入学习氛围。】

二、新课教学

【叙述】世界上有许多国家和地区，它们在很多方面都是不相同的。

【提问】世界上有多少国家和地区？国家和地区有什么区别？【学生据课文回答。教师讲述并举例，如格陵兰，学生在地图中找出相应位置，理解地区的含义。】

【叙述】这些国家和地区在哪些方面不同呢？

【展示】幻灯展示需对比的面积、人口、政治制度、经济等框题。【可先引导学生回答，然后展示。】

【叙述】从地图上看，最明显的是面积不同。

【展示】幻灯展示——对比面积居前六位的国家。【学生找图，说出所在大洲，并记忆。】

【叙述】还有面积很小的国家，如摩纳哥等，最小的是梵蒂冈，只有 0.44 平方千米。【可让学生想象其小，增加趣味性。】

【叙述】比较国家面积的大小的前提是要把界线划定，这就是国界。

【展示】幻灯展示——三种国界类型。【教师详细讲述，河流的主航道中心线，山脉的分水岭，经纬线国界的由来等均是学生感兴趣，而书中没有讲述的，教师的补充很有必要。】

【叙述】国界都是人为划定的，有很多有趣的现象。【介绍一些一家跨两国等趣事，自然地进入到跨两洲国家的介绍。】

【提问】有哪些国家跨两洲？【可引导学生读图填表。】

【叙述】划定国界后，可计算面积，但书中的数字一般为陆地面积，不是我们经常提到的领土面积。

【提问】什么是领土？【学生根据自己的理解回答后，教师讲述解释。】

【叙述】世界上有争端的领土很多，我国希望和平解决。【可花一些时间让学

生列举领土争端的地方，热点的钓鱼岛学生会感兴趣，还可讲述我国同俄罗斯，塔吉克斯坦和平解决领土争端的例子。】

【叙述】不同的国家，人口数也不尽相同。

【展示】幻灯展示——人口超过1亿的国家

【提问】有多少个人口超过1亿的国家，它们的分布与哪个知识点关联？【教师引导学生回答这些国家所在大洲，由此联系到人口稠密地区的分布。】

【叙述】各国还有不同的政治制度。【教师介绍。】

三、小结

我们再看世界政区图，我们知道的和所想的问题一定和以前不同了。

【提问】这节课我们学了些什么？还有哪些问题？【学生小结本节课所学内容，教师补充完整；并把主要内容有条理地清晰地展现出来，形成知识网络。】

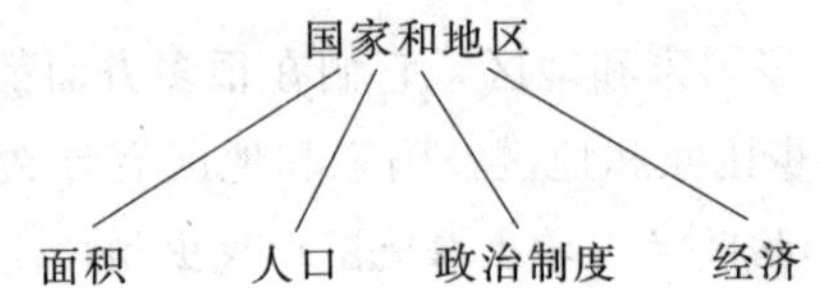

四、练习

幻灯展示知识点及学生互动练习。

教学反思

这是一堂很普通的新授课，没有难点。我很喜欢上这堂课，学生感兴趣，我也可以口若悬河地展示我的“渊博”知识，看着学生竖着耳朵，毕恭毕敬、心悦诚服地聆听，很有成就感。

日　本

……………………何宏权

教材分析

教学课题选自，人教版七年级地理下册——“日本”。“日本”一节是世界地理中介绍的第一个国家，是一个标准的区域。它在区域地理教材中有承上启下的作用，也是对以后的国家地理教学有一定的示范作用。教学中，除了教给学生应知的知识点外，还要使学生建立知识体系，了解区域地理的知识结构和学习方法，为以后的区域地理的学习打好基础。教材内容由“多火山，地震的岛国”，

“与世界联系密切的工业”，“东西方兼容的文化”三个部分组成。第一部分是自然环境，第二部分是经济，第三部分是文化。三部分内容有内在的联系。日本的岛国国情，促使其走加工贸易型经济的发展道路，实行对外开放政策，经济的对外开放，对其科学，文化等方面产生深刻影响，形成东西方兼容的文化。在讲述“多火山，地震的岛国”内容时，应增加气候，河流，资源等内容，既是保证区域地理知识结构的完整，又对后面经济的讲述起作用。本节内容一般安排2课时，第一课时主要讲述“多火山，地震的岛国”，是介绍日本的自然地理环境，第二课时主要讲述“与世界联系密切的工业”，“东西方兼容的文化”，是在自然环境特征的基础上分析日本的经济和文化。

学情分析

初中一年级的学生对日本的态度一定是较复杂的，利用好这种态度有利于调动学生学习的积极性。就具体教学来说，要求一年级的学生客观地整体性地认识日本这样一个完整的国家有一定难度。考虑学生的具体实际情况，充分利用教材中的图表，首先把基本知识点全面地介绍给学生，然后，教师再进一步引导学生总结，提炼，形成知识体系，为今后学习打好基础。

设计理念及教学方法

《新课程标准》倡导“改变地理的学习方式”的理念。本节课采用启发教学方法为主，穿插其他教学方式，如问题探究等。多设计问题情境，引导学生探究思考，调动学生的参与和学习的积极性。在教学中强调图表，数据的运用。以多媒体课件为载体，把各个知识点最终都落实到地图中。教师可准备：多媒体课件。学生可准备：课前收集有关日本的资料和图片。

教学目标

1. 明确日本的地理位置，领土组成和首都。

2. 根据地图和资料，说出日本自然环境的基本特点，并能分析日本的火山，地震的原因。

3. 初步学会分析日本经济发展的特点及工业分布。

4. 知道日本东西方兼容的文化。

教学重点

1. 日本地理位置及多火山，地震的原因。

2. 日本经济发展特征，工业分布及其原因。

教学难点

1. 因地制宜发展经济，工业分布及原因。

2. 学会学习区域地理的一般方法。

教学流程及评析

一、新课导人

【叙述】2011 年日本发生了大地震，并引发海啸，进一步造成了核电站危机。

【展示】日本海啸的图片。【利用影响显著的时事事件，可充分调动学生的积极性，学生兴趣盎然地进入到日本的学习。】

2. 新课教学

【叙述】日本和我国一衣带水。了解这个国家，要先知道它在什么地方——位置。

【展示】教材地图《日本在世界中的位置》——幻灯展示【引导学生分析纬度位置，海陆位置，学生读图回答，教师总结。】

【提问】通过纬度，海陆位置的描述，我们可以分析出日本哪些方面的特征？【引导学生回忆影响气候的因素，分析日本的气候特征，达成知识迁移。并可灌输地理事物之间相互联系的思想。再提醒海陆位置可分析交通的特征，为今后讲述经济做好铺垫。】

【叙述】日本是西北太平洋的岛国，领土由四大岛屿及其他小岛组成。【学生读图，描图，填图，记忆。】

【叙述】最大的岛是本州岛，首都东京就在这个岛上，它附近有日本著名的山峰，也是日本的一个象征——富士山。

【展示】教材地图《日本的地形》——幻灯展示【引导学生分析日本的地形特征。】

【叙述】富士山是一个火山，日本多火山，地震。

【提问】为什么？【学生分析教材活动并讨论。】

【提问】根据我们已经知道的地形和气候特征，日本的河流，资源会是什么样？【引导学生分析河流短急，资源匮乏的特征，为今后讲述日本经济做铺垫。】

【总结】日本的自然条件有许多缺点，但不妨碍它成为经济大国，原因是它能充分利用自已有利的条件。

【叙述】日本是著名的发达国家，人均 GDP 达 3 万多美元，许多工业产品居世界前列。

【展示】日本一些知名品牌——幻灯展示【可让学生认识所展示图片中的品牌。】

【提问】刚才提到的众多知名的工业品牌，说明日本工业发达。那么发展工业需要什么条件？【学生讨论，资源条件不难想到。】

【提问】刚才我们复习中已经提到日本国土狭小，资源匮乏，怎么办？【学生回答，从国外进口。】

【提问】为什么可以方便的进口？【学生讨论分析，岛国多港湾条件多数人能想到，提醒学生利用所学内容，原材料价格低，也是可以大量进口的一个条件。】

【展示】教材地图——幻灯展示

【提问】从图中可知，日本从世界各地进口原料，进口的比例也很高，请问，木材进口的比例最低，为什么？【引导学生分析日本森林资源丰富。可再介绍几句日本注重环境建设。】

【提问】有了原料，就能生产出产品吗？【引导学生分析日本发展经济的其他条件，较先进的科学技术，充足的劳动力。】

【总结】日本发展经济的条件有三个：A. 岛国多港湾，B. 先进的科学技术，C. 充足的劳动力。

【展示】教材地图——幻灯展示

【叙述】日本生产的产品，大部分供出口。模式为进口——加工——出口的加工贸易经济。

【提问】这种模式有没有缺点？【学生讨论，教师简单总结，依靠海外市场是缺点，我国也应注意这个问题。】

【提问】日本这样发展经济，那么工厂建在什么样的地方？【学生讨论回答，港口。】

【叙述】日本的工业分布在沿海地区。

【展示】教材地图《日本的太平洋沿岸工业带》——幻灯展示

【提问】为什么集中在太平洋沿岸和濑户内海沿岸？日本海一侧如何？【学生研究讨论，一般容易回答成太平洋一侧距进出口目的地近，教师引导是港口的条件——海岸线曲折程度。】

【叙述】看看有哪些重要的工业区。【学生读图，填图并记忆。】

【总结】看教材活动，教材如何总结日本的经济。

【叙述】日本在经济高速发展的同时，保留了许多传统的文化习惯，这点值得我们借鉴。【学生阅读课文。】

三、小结

日本的经济模式是世界经济的一种重要模式，值得我们选择性借鉴学习。

【提问】这节课我们学了些什么？还有哪些问题？

学生小结本节课所学内容，教师补充完整；并把主要内容有条理地清晰地展现出来，形成知识网络。

（一）位置

（1）纬度位置：北回归线——大部分在北温带

（2）海陆位置：A. 太平洋，日本海等

B. 气候具有海洋性

C. 海洋交通

（二）范围

四大岛

（三）自然环境

（1）地形：多山，富士山

（2）气候：海洋性季风气候

（3）河流：短急

（4）资源：除森林，水力外，其他匮乏

（四）人文环境

（1）经济：进口——加工——出口的加工贸易经济

（2）文化：东西方兼容

四、练习

幻灯展示空白日本图进行填图练习。

五、板书

一、多火山地震的岛国

↙

二、与世界联系密切的工业

↙

三、东西方兼容的文化

教学反思

国家地理的讲述一般分自然和人文两部分，先介绍位置，范围，地形，气候，河流，资源等内容，然后是农业，工业，人口，文化，城市等内容，有人称

这种方式为地理八股。不过个人认为日本作为第一个学习的国家，这种模式很有必要，它是学生了解国家地理的学习方法，构建知识体系的重要一步，教学过程中，既要注重知识点的教学，也要强调知识体系建立的重要性，让学生不仅学会知识，还要掌握方法。

俄罗斯

何宏权

教材分析

教学课题选自人教版七年级地理下册“俄罗斯”。

俄罗斯是国家地理的第三个，前面有日本和印度。这是一个标准的区域，本节内容共分三个标题，是按照由自然到人文，一步步深入的方式引导学生了解俄罗斯的。首先在第一标题中介绍了俄罗斯的位置及范围以及由于纬度高导致的气候特点和复杂地形。由于面积广阔，所以又引出了第二个标题，即自然资源丰富。而优越的自然资源条件为工业生产的发展奠定了基础，因此俄罗斯的工业较为发达。课文中还特别提到俄罗斯的核工业和航空航天工业在世界上占有重要的地位，这绝不是偶然的，它有着强大的物质基础和技术支持。这么发达的工业，需要有交通运输作支持，因此课文在第三标题中介绍了俄罗斯的交通运输线以及运输网的特点。交通线是线状的，连接彼此的点就是一些重要的城市，于是课文又紧接着介绍了莫斯科和圣彼得堡等交通枢纽。课时应安排2课时，第一课时主要介绍自然环境，第二课时介绍人文环境。就课时安排来说，每节内容不多，可充分安排学生活动。本教学设计针对第一课时，俄罗斯的自然环境的介绍。

学情分析

学生在前面已经学习了日本和印度两个国家，学习了它们的位置、领土组成，首都和自然与人文地理特征等概况，积累了一定的经验，掌握了基本的学习国家地理的方法，学生的观察、记忆、逻辑思维能力有了进一步的发展，具备了一定的读图分析、归纳总结和逻辑思维的能力。同前两个国家一样，俄罗斯也是一个标准的区域，继续照搬前面的方法，学生没有新鲜感，考虑到学生已有的能力，在内容和教学方法上创新是一个重要的思路。

设计理念及教学方法

《新课程标准》倡导“改变地理的学习方式”的理念。本节课采用多媒体辅助课堂教学，从不同角度引导学生认识俄罗斯的自然环境，要充分发挥学生的主体作用，培养学生自主学习、合作学习和探究学习的能力，使学生积极主动地获取知识，完成由感性认识到理性认识的升华过程。具体做法是分组竞赛。根据学生的具体情况，把学生分成二到四组，不宜太多，每组准备一方面的问题，如位置，范围，地形，气候，河流等，学生上前做老师，给其他同学讲述，同组其他同学补充，其他组成员纠正和补充，最后教师评判。还要留有一定的总结时间。教师可准备：多媒体课件。学生可准备：课前收集一些有关俄罗斯的材料和图片。

教学目标

1. 运用地图说出俄罗斯的地理位置（纬度位置、海陆位置）。
2. 阅读地图与相关资料概括俄罗斯的地形、河流、气候地理特征和分布特点。
3. 通过分析让学生认识到自然环境各要素之间是相互作用、相互影响的关系。

教学重点

俄罗斯地理位置特点。

教学难点

1. 读图分析俄罗斯的地形特点及对河流的影响。
2. 分析俄罗斯的气候特征。

教学流程及评析

一、新课导入

课前播放歌曲《莫斯科郊外的晚上》。

【展示】俄罗斯国旗——幻灯展示

【叙述】俄罗斯的国旗与它所处的自然环境有关。【一首耳熟能详的歌曲，能调动学生的积极性。学生兴趣很高地进入到俄罗斯的学习。】

二、新课教学

将学生根据具体情况，分成二到四组，说明本节内容学生以小组竞赛的形式，自主研究，自由讲述，互相补充地进行学习。教师介绍竞赛的原则、方法、要求等。

【提问】A. 俄罗斯是哪个洲的国家？

B. 世界最大的湖泊？亚洲最大的平原？

【幻灯展示问题（该问题为有关俄罗斯的已学内容，复习提问），学生回答时，按组计分，回答好的组优先选择所要讲述问题。】

【展示】学生要讲述的问题的题目：位置，地形，气候，河流，资源——幻灯展示【学生选择好所要讲述的题目，给五分钟准备时间。然后每组选定一名主讲，其他成员补充，另外一些组补充和挑错，教师视情况评定。】

【叙述】第一个问题是位置。【学生讲述，纬度位置中找重要纬线，判断五带，海陆位置中所处大陆，濒临海洋，邻国一般不存在问题。】

【提问】好，同学们讲的不错，不过我们要注意一下，中国等邻国分别在它的什么方位？【教师讲述纬线不是直线时方向的判断。该知识点有一定难度，学生不易想到。】

【叙述】俄罗斯地跨欧亚两洲，是世界上面积最大的国家。【学生阅读教材阅读材料。】

【叙述】下一个问题是地形。

【展示】俄罗斯地形图——幻灯展示【下一组学生据图回答，找出各个重要地形名称。】

【叙述】俄罗斯地形的分布很有特点，抓住规律记忆。【学生统一作教材活动。】

【叙述】比较有难度的是气候。

【展示】“气温和降水的分布”——幻灯展示【下一组学生讲述。有一定难度，教师可多些提示。】

【展示】“俄罗斯的气候类型”——幻灯展示

【总结】考虑纬度位置，俄罗斯大部分是温带，而陆地面积广阔，所以形成了以温带大陆气候为主的气候。按纬度变化，所以气温由南向北降低，按距大西洋远近不同，降水由西向东减少。【学生描述莫斯科和雅库茨克的气候特征。】

【叙述】俄罗斯国土面积广大，所以资源丰富。下面由下一组介绍俄罗斯重要的矿产资源的分布。【下一组同学指图说明俄罗斯重要的矿产。】

三、小结

同学们积极参与到竞赛，不能光图热闹，一定要思考各个问题。

【提问】这节课我们学了些什么？还有哪些问题？【学生小结本节课所学

内容，教师补充完整；并把主要内容有条理地清晰地展现出来，形成知识网络。】

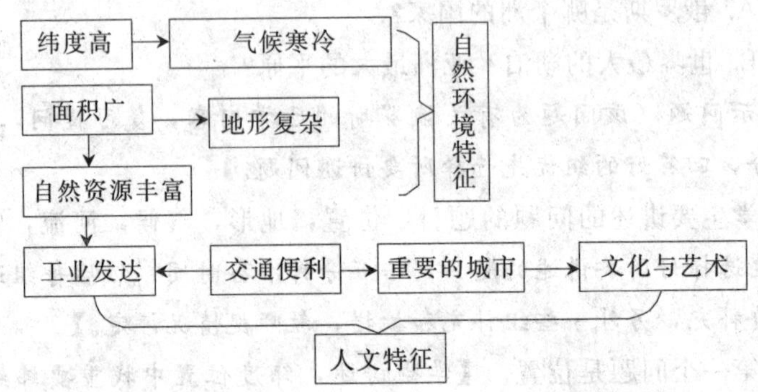

教学反思

本人用这种方法讲述“俄罗斯”，成功的例子很多。很多时候，学生对这种竞赛这种方式很认同，表现也很积极，能力也毋庸置疑。应该是符合学生心理发展和能力表现的一种方法。后面的课还有学生要求继续使用这种方法。但这种方法在课堂气氛的控制，学生知识的实际掌握程度的控制，都有一定难度。本人也经历过不成功的例子，学生调动不起来和过于兴奋的情况都有，所以个人认为，认真地分析不同班级学生的具体情况，然后采取合理的方法，也就是因材施教，是左右是否是一堂成功的课节的关键。

澳大利亚

……何宏权

教材分析

教学课题选自人教版七年级地理下册“澳大利亚”。本节教材的编排在对国家的介绍上不求面面俱到，而是突出这个国家特有的自然环境特征及经济发展特点，教材仍然安排了相当数量的“活动”内容，希望通过这种形式引起学生对某些地理现象或地理事物的探究兴趣。教材介绍的澳大利亚的区域特征主要有：第一，澳大利亚特有的古生物及其生存环境。第二，教材选择文字表述方式介绍澳大利亚经济发展特点，又利用设计的“活动”，引导学生探究澳大利亚如何利用本国的自然条件，因地制宜发展经济。第三，关于澳大利亚人口和城市的分布，教材没有单列标题，而是在了解工矿业分布时，通过“活动”引导学生读图了解其主要城市的位置。澳大利亚有许多不同于别的国家的特殊的地方，独自占有一块大陆，特有的动物，绵羊的数目，环状的气候类型分布等等。充分利用这些特殊点，对提高学生的学习兴趣有很大帮助。本节内容安排两课时。

学情分析

经过一段时间的学习，学生已经能够利用一些图表简单地分析区域地理的特征。知道分析一个区域要从位置、地形、气候、农业、工业、城市和人口等方面来分析。个别有能力的学生还可以自己总结一个区域的知识体系。充分利用学生的兴趣，自主研究，自主探讨，还是可行的。不过澳大利亚是一个特殊点很多的国家，许多特点有一定难度，教师的启发引导不可少。

设计理念及教学方法

《新课程标准》倡导“改变地理的学习方式”的理念。根据教材安排的澳大利亚的区域特点和它本身众多的特殊点，再考虑学生的实际情况，本人在设计本节课时打破传统的教学方式，不再按部就班地按顺序一个一个问题地解决，而是选择澳大利亚的特殊性为主题，所有的讲述，探讨都围绕着这个主题来进行。发动学生研究探讨澳大利亚特殊点，然后遇到什么相关问题就讲什么问题，而最后的总结知识体系留给学生自己完成。这种设计对学生和教师都是挑战，学生的难度在于主动地思考发掘特殊点，教师的难度在于各项内容的串联。具体的教学中多启发、多探讨，在教学中强调图表、数据的运用。以多媒体课件为载体，选择一个页面把本节相关的题目都展现出来，并把每个题目都做成相应的链接。进行到什么问题就进行相应的操作。本节内容分两课时，不过教学中要看实际的情况决定进度，本设计没有分出两课时的具体进度。教师可准备：多媒体课件。学生可准备：课前收集有关澳大利亚的资料和图片。

教学目标

1. 会运用地图和图片说明澳大利亚特有生物的生存原因。

2. 会运用地图和资料，说明澳大利亚自然环境的基本特点和特有的自然地理现象。

3. 初步学会运用地图和资料分析说明澳大利亚的自然条件对其农牧业和工矿业发展的影响，帮助学生初步树立因地制宜发展经济的观念。

教学重点

自然环境的基本特征；发达的畜牧业。

教学难点

理解澳大利亚的自然环境对人们生产生活的影响，人类与自然和谐共处的重要意义。

教学流程及评析

一、新课导入

【叙述】在南半球有一个美丽的国家——澳大利亚。

【展示】澳大利亚代表性的景观图片——悉尼歌剧院，袋鼠，珊瑚海等——幻灯展示【利用学生熟悉的澳大利亚图片，可极大地调动学生的积极性，学生兴趣盎然地进入到澳大利亚的学习。】

二、新课教学

【叙述】澳大利亚不但是一个美丽的国家，而且还是一个非常独特的国家，有许多特殊的地方。我们这堂课就围绕着这个中心来学习，看看它有什么特殊的地方。【教师根据学生提到的特殊点讲述，学生想到哪方面，教师则进行哪方面的讲述，教师做好不同问题间的承转。】

【叙述】澳大利亚有许多特有的动物。

【展示】教材图片《澳大利亚的几种特有动物》——幻灯展示【学生记忆，提醒可对比其他洲的特有动物。如学生感兴趣，可由学生介绍几种动物。】

【提问】为什么只有澳大利亚有如此众多的古老生物呢？【许多学生能够答出大陆漂移学说，引导学生回答 P68 活动。】

【叙述】在分析澳大利亚有许多特有的动物的原因时，隐含了一个特殊点。【学生思考。】

【叙述】澳大利亚是世界上唯一独自占有一块大陆的国家。

【叙述】澳大利亚的羊特别多，被称为“骑在羊背上的国家”。这也是澳大利亚很特殊的地方。【如果有学生知道有关澳大利亚羊的来历，则学生讲述，或者教师介绍。】

【承转】这方面是有关农业的问题。我们直接把农业的问题全部介绍完。过程中看看还能找出哪些澳大利亚特殊的地方。

【叙述】发展农业的条件有地形和气候。先分析地形。

【展示】教材地图“澳大利亚的地形”。【学生自己分析图，总结地形特征，并填图记忆。】

【叙述】这里我们可以找两个可以算是特殊的地方。澳大利亚中部是平原，但名称却叫盆地。而这个盆地有一个特殊的现象——自流井。【教师补充介绍自流井的成因和用途。】

【总结】澳大利亚总体说来地形平坦，有利于农业的发展。【学生落实 P69 活动 1。】

【叙述】发展农业的另一个条件是气候。我们从纬度位置和海陆位置的特征来分析气候。过程中，看看有没有特殊点。【学生分析澳大利亚的纬度位置，找出重要纬线——南回归线，找出濒临海洋并填图记忆。】

【展示】地图“澳大利亚的气候”——幻灯展示

【叙述】从图中看，澳大利亚的气候类型的分布有什么特点？这种分布可以说是世界上很特殊的。【引导学生得出呈环状分布的特征，并探讨原因后找出规律记忆。】

【叙述】老师再介绍一个你们很难想到的特殊点，不过不用记忆，了解一下就可。我们在学习欧洲西部时，知道温带海洋气候应该分布在大陆西岸，而在澳大利亚，温带海洋气候却分布在东岸。【视学生的反映情况讲或不讲成因。】

【叙述】下面看看气候对澳大利亚农业的影响。

【展示】教材地图“澳大利亚的农牧业分布”——幻灯展示【引导学生做教材活动 2，得出因地制宜发展农业的结论。】

【总结】考虑地形和气候等自然条件，澳大利亚因地制宜地发展了农业。

【叙述】澳大利亚还有一个特征与农业有关，澳大利亚地广人稀，所以农业的机械化程度很高。【既可以算一个特殊点，也为讲述澳大利亚是发达国家做铺垫。】

【叙述】澳大利亚在农业上有美称——“骑在羊背上的国家”，在工业上也有美称——“坐在矿车上的国家”。

【展示】教材地图“澳大利亚矿产和城市的分布”——幻灯展示【学生阅读教材相关课文。】

【提问】澳大利亚是发达国家，能不能看出这里有什么特殊的地方？【学生能想到发达国家一般分布在北半球，肯定这是一个特殊点。再提醒学生发达国家的工业模式，从而得出与一般发达国家不同的地方，出口原料，进口工业品。】

【提问】书中哪一句话能说明澳大利亚是发达国家？【学生阅读课文回答。】

【承转】我们直接记忆澳大利亚的城市。

三、小结

澳大利亚有许多特殊点，我们完全可以根据这一特点理解记忆澳大利亚。

四、练习

我们一起总结一下澳大利亚的特殊点。

世界上唯一独自占有一块大陆的国家，

有许多特有的动物——袋鼠，鸸鹋等，

地广人稀的国家，

大自流盆地，

中部是平原，名称却叫盆地，

气候类型呈环状分布，

在东海岸形成温带海洋气候，

羊特别多，被称为“骑在羊背上的国家”，

少数的几个南半球的发达国家，

是发达国家，却大量出口原料。

【提问】这节课我们学了些什么？还有哪些问题？【学生小结本节课所学内容，教师补充完整；并把主要内容有条理地清晰地展现出来，形成知识网络。】

（一）位置

（1）纬度位置：南回归线、南温带和热带

（2）海陆位置：太平洋，印度洋等

（二）范围

澳大利亚大陆和塔斯马尼亚岛

（三）自然环境

（1）地形：东部——大分水岭

中部——澳大利亚大盆地

西部——西部高原

（2）气候：环状分布

（3）河流：墨累河，艾尔湖

（四）经济

（1）农业：农牧业——骑在羊背上的国家

（2）工业：工矿业——坐在矿车上的国家

（五）城市

教学反思

澳大利亚是个美丽的国家，在历史上与中国无甚瓜葛，大多数同学都对它有好感。而它的许多独特的方面，也使大多数同学对它有所了解，选择独特性作为噱头，是投学生所好，在提高学生学习兴趣上是很好的创意，难就难在教学的串连上。既要围绕主题研究探讨，还要落实必要的知识点。学生的思绪可能是跳跃的，不连贯的，但老师要做到放得出去，收得回来。

省级行政区划

何宏权

教材分析

教学课题选自人教版八年级地理第一章“从世界看中国”第一节“辽阔的疆域”——34个省级行政区。本章教材是学习中国地理的第一章。要学好中国地理，认识和了解祖国地理全貌，首先要认识我国的位置、疆域、行政区划和居民等状况。其中第一节为辽阔的疆域，通过“位置优越”“国土辽阔”和“34个省级行政区”三项内容，向学生总体介绍我国国土的基本状况。而“34个省级行政区”的内容既可看作是总体的延伸，也可看作是局部的划分。本教学设计针对这一部分内容。教材内容不多，基本上没有理解性内容，但在全书中占有极其重要的地位，这是学习以后各章不可缺少的基础知识。教材主要分为三部分，第一部分说明我国的三级行政区划，第二部分了解省级区划，第三部分通过活动记忆我国省级行政区划。这里用到的“中国政区图”，不仅是学习中国地理的一张最基本的地图，而且是应该终生铭记在心的一张地图。

学情分析

很多学生家庭中有中国政区挂图或其他形式的中国政区图，相当多的学生也在小时候玩过泡沫的省区拼图玩具，学生对各个省的名称也多少听说过。经过一年的地理学习，学生的读图能力也有一定的提高。本节课利用地图系统完整地学习省级行政区划，对于学生来说没有难点，只是反复记忆的过程。

设计理念及教学方法

《新课程标准》倡导“改变地理的学习方式”的理念。本节内容有许多最基本的知识涉及众多的地名及其空间位置，必须充分利用地图反复练习。学生应学会阅读“中国政区图”，形成对我国行政区划的空间想象能力。这是本节的难点。在学期初，本人已经要求学生多准备空白中国图，包括空白中国政区图，利用填图反复记忆各省级行政区的名称和位置。记忆过程中，也不是简单的重复，而是不断变换问法，多角度记忆，既增加相应的知识点，又灵活不刻板地记忆，达到事半功倍的效果。具体操作则需要利用多媒体课件，每切换不同的问法，则把相关的线或地理事物突出展示，达到醒目易懂的效果。此外，为提高兴趣，本人还准备了如谜语等多样的形式。教师可准备：多媒体课件和中国政区图。学生可准备：空白中国政区图。

教学目标

1. 知道我国现行三级行政区划。
2. 学会在我国政区图上找出34个省级行政区。
3. 记住省级行政区的简称和行政中心。

教学重点

省级行政区的名称和位置。

教学难点

省级行政区的空间概念。

教学流程及评析

一、新课导入

【展示】身份证图片（突出地址）——幻灯展示

【叙述】从身份证的地址中可以反映我国的行政区划。【从生活的实际出发，可以提高学生兴趣。】

二、新课教学

【叙述】我国疆域辽阔，为了便于行政管理，有利于经济发展和民族团结，我们进行了行政区划。

【叙述】身份证的地址说明行政区划有不同的级别。【教师结合身份证的地址，介绍不同的级别。可让学生对应说出自己身份证所在不同级别的名称。】

【提问】我国行政区划分为哪三个级别？【学生总结回答省、县、乡。】

【叙述】对于我们，应该掌握到省一级别。

【提问】省一级别的行政区包括哪些类型？【学生看书回答。如没答出特别行政区，则教师补充。】

【叙述】记忆时，可按2，23，4，5共34个省级单位记忆。【学生分别对应2个特别行政区，23个省，4个直辖市，5个自治区。】

【叙述】我们不仅仅要知道有 34 个省级单位，还要详细掌握它们的名称、位置、简称、行政中心，甚至要达到通过轮廓就能分辨出是哪一个省级单位的程度，我们要通过不同的方法，多记，多练习。【开始引导学生填图。】

【展示】“中国政区图”——幻灯展示

【叙述】参考 P8 活动，将全国按地理方位分成七部分，分别记忆。【分别找学生读出名称，并在前面教师中国政区图中指出具体位置，学生填充自己的空白图。】

【叙述】我们可以按照其他方式记忆省区分布。【要求学生换新的空白图，重新填图。】

【叙述】请找出北回归线穿过的省级单位。【学生找图回答，并请学生分析提出相关问题。】

【提问】完全位于热带的省级行政单位有哪些？【海南省不难找出，提醒别忘了香港和澳门。】

【叙述】请找出沿大陆海岸线经过的省级行政单位。【学生找图回答，强调按顺序记忆，并请两位同学分别从自北向南和自南向北说出省份，并强调顺序不是简单地反过来。】

【叙述】请找出沿陆上国界经过的省级行政单位。【按上述沿大陆海岸线过程同样进行。】

【提问】既有大陆海岸线又有陆上国界的省级单位有哪些？【学生回答。】

【叙述】我们还可以按同样的方法分别沿长江，黄河记忆省级行政单位。【根据课堂时间选择在课上完成或要求学生课下完成。】

【叙述】我们再换一种方式找几个特殊的省份。【以幻灯方式分别提出问题，由学生分析判断回答。可分别列举最大、最小、最南、最北、最东、最西、跨经度最多，跨纬度最多等问题，一般学生不会感到太难。】

【叙述】本堂课我们反复记忆练习了省级行政单位，但仅仅在课堂上是远远不够的，大家在课余时间可以利用各种方法记忆它们的分布。【以幻灯方式展示谜语，让学生猜。（船出长江口——上海，碧波万顷——青海，双喜临门——重庆，银河渡口——天津等）】

三、小结

本节课我们学习了我国行政区划的内容，要掌握我国行政区划的级别和省一级的行政区划。

【提问】这节课我们学了些什么？还有哪些问题？

学生小结本节课所学内容，教师补充完整；并把主要内容有条理地清晰地展现出来，形成知识网络。

（一）三级行政区划

（二）省级行政区划

1. 分区 2. 北回归线 3. 大陆海岸线 4. 陆上国界

四、练习

幻灯展示知识点及学生互动练习。

教学反思

学生对各省级单位名称早已耳熟能详。本节课讲授无难点，但让学生把熟悉的名称落实到不熟悉的地图中，也不是那么容易。多练，还要巧练。以不同的方式多填图，学生不会感到厌烦，再来些有趣的谜语，所以，一堂课下来，学生意犹未尽地追着老师问还有没有谜语时，成就感油然而生。

地势和地形

何宏权

教材分析

教学课题选自人教版八年级地理第二章“中国的自然环境”第一节“地势和地形”。本节是中国的自然环境这一章的第一节，体现了地形作为自然环境基础的重要地位。这一节是从地势特点和地形种类两个方面来研究中国地形特征的。教材分三个小标题，分别是“地势呈阶梯状分布”“地形复杂多样”“山区面积广大”，表面上看起来平行的三个特点，在结构上有着递进的关系。内容中涉及到很多具体地形名称，这是分析地形特征的基础，不过教学中不应过于强调学生对具体地名和特征的记忆，而应把教学的重点放在学生学会使用地形提取有用的地理信息，并对这些信息进行加工和总结的过程中。本节应安排3课时，本教学设计针对第一课时，主要讲述“地势呈阶梯状分布”。

学情分析

经过一年地理课程的学习，学生的读图能力有了很大提高。在学习多个世界地理区域后，学生分析问题的能力也有所提高。应该一般都能看懂基本的地形图，加以适当的引导，分析出基本特征不成问题。而对特征的评价则有一定的难度，有时会无从下手。这也是本节教学的一个关键的需要解决的问题。

设计理念及教学方法

《新课程标准》倡导“改变地理的学习方式”的理念。本节教学，地图的应用是关键。运用得好，一切问题都会迎刃而解。本人的方法是，学生准备中国空白图，在分析特征过程中，涉及到的地名及时填充在空白图中，既能保证学生明确找到其准确位置，又能加深记忆。教材安排有“我国东西向（北纬32°）地形剖面”，“中国地势三级阶梯示意”，“我国地形分布大势”等图，地图的展示可充分利用多媒体课件。通过查找主要地形单元，并根据等高线判断海拔，学生得出西高东低的特征不难，地形剖面图可利用为巩固西高东低的特征，而要从剖面图中得出呈阶梯状特征，则学生不易发现。利用板图画简略剖面图得出结论是个很好的选择。本节难点对中国的影响可由教师引导学生分析回答，视情况补充讲述。以上教学方法符合学生由形象到抽象的认知规律。教师可准备：多媒体课件展示各个地图。学生可准备：彩色地图册及中国空白图。

教学目标

1. 总结我国地势呈阶梯状分布的特征经及各级阶梯的主要特征。
2. 记住位于阶梯分界线的山脉名称。
3. 初步掌握评价地理事物的基本方法。

教学重点

我国地势的基本特征。

教学难点

地势特征对我国的影响。

教学流程及评析

一、新课导入

【提问】五种地形及其特征，分层设色地形图中各种地形的主要颜色。【复习提问可以使学生很快进入教学情景，同时所提问题的内容也是本节内容学习的基础。】

二、新课教学

【叙述】我们应首先从整体上把握中国地形特征。

【板书】地形，地势

【叙述】地形是地表各种各样的形态，我们已经学习过了，而地势是地表高低起伏的总趋势。它强调的是总的趋势，而不是具体分布，即从整体上看我国的特征。

【展示】幻灯展示——分层设色中国地形图

【提问】查找以下地形单元，并根据颜色判断其海拔高度：青藏高原，内蒙古高原，黄土高原，华北平原。【学生逐一查找，并判断。每查找一处，由一名同学上前面图中指出具体位置，教师强调指图方法。其他同学马上在空白图中相应位置填出其名称，并判断海拔。】

【提问】根据以上地形单元的位置和海拔高度，中国的地势特征是什么样的？【学生回答。大多数能看出西高东低的特征。】

【展示】“我国东西向（北纬32°）地形剖面”——幻灯展示

【叙述】通过这张图，我们可以形象地看出西高东低的特征。

【提问】西高东低会对我国有何影响？【引导学生回答，对河流流向的影响，启发后不难想出自西向东流的特征。而对气候的影响可由教师讲述，并可对比美国西海岸情形，以加深理解。】

【板图】简略中国地形剖面图示意对比。

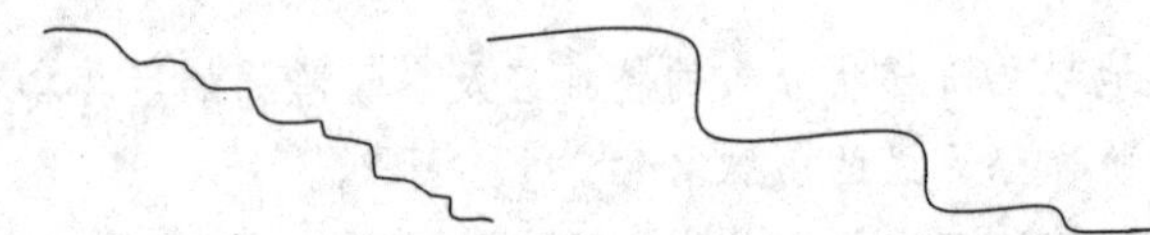

【提问】同样是西高东低，哪幅图更能准确反映中国的实际情况？【学生的判断结论不一，可能会小有争论，教师控制好气氛。】

【叙述】从五种地形的特征及我们所找的主要地形单元上分析，第二张图更符合我国实际情况，即呈阶梯状分布。

【提问】呈几级阶梯？

【展示】“中国地势三级阶梯示意”——幻灯展示【引导学生结合图中文字，总结三级阶梯特征，并以填图或填表的形式填充并记忆。】

	地形	海拔
第一级阶梯	青藏高原	4000米以上
界线	昆仑山—祁连山—横断山	
第二级阶梯	高原，盆地	1000—2000米
界线	大兴安岭—太行山—巫山—雪峰山	
第三级阶梯	平原，丘陵	500米以下

【提问】河流从高一级阶梯流向低一级阶梯时，落差会有什么变化？有什么利用价值？【引导学生回答，结合书中活动，问题最好是问的具体些，否则有难度。】

【提问】另外，我国地势对东西部之间的交通有什么影响？【此问题可作为控制时间的问题，视上课用时情况，选择学生讨论或直接回答。】

三、小结

【充分利用好地图理解并记忆我国的地势的基本特征。】

【提问】这节课我们学了些什么？还有哪些问题？【学生小结本节课所学内容，教师补充完整；并把主要内容有条理地清晰地展现出来，形成知识网络。】

西高东低——→{河流：自西向东；气候：海洋气流深入}

呈阶梯状分布——→河流：落差大

四、练习

幻灯展示知识点及学生互动练习。

教学反思

本节课地图的利用无疑是关键。从本学期一开始，我对学生填图的练习就增加了很多，基本上每堂课都有填图的内容，在上课时学生动手填自己的空白图已经成了习惯。所以，本堂课学生填图，我不会花费太多时间来强调细节，讲课的效率很高。而学生多动手填图，对学生记忆的准确性和牢固度也很有帮助。

水 资 源

……何宏权

教材分析

教学课题选自人教版八年级地理第三章“中国的自然资源”第三节“水资源”。

本节内容是“中国的自然资源”重要一节。自然资源是地理环境的重要组成部分，可以看作是自然环境内容的延续。它安排在地形、气候、河流等自然环境特征之后，目的很明确，自然资源的特征与这些自然环境特征密切相关。深度剖析它们之间的联系，是解读教材及完成教学的重要保证。这一点，在“水资源”一节中也极其重要。水资源的分布与地形，气候，河流特征密切相关，完全可以从它们的特征中分析判断总结出来。本节内容包括“水是宝贵的资源”，“水资源时空分布不均”，“节约用水，保护水资源”三部分，各部分内容可以理解为层层递进关联，即地球上的水资源贫乏，而我国又存在时空分布不均，所以要节约用水，保护水资源。在教学中既要展现水资源特征与其他自然环境因素的联系，也要展现内容层层递进关联的结构。本节安排为一课时。

学情分析

水资源和生活密切相关，有关节约用水的宣传在学校，社会，媒体等各种环境中学生都有很多感触。本节从中国的实际出发，在理论上解决为什么要节约用水，学生会感到好奇。而分析总结过程又是从学生已学的地形、气候、河流等自然环境中得出结论，学生也不会感到难以理解，需要解决的只是教师的引导和启发。

设计理念及教学方法

《新课程标准》倡导“改变地理的学习方式”的理念。根据水资源内容特点，本节课采用启发式教学。充分调动学生积极性，利用所学地形，气候，河流等自然环境特征，引导学生分析判断总结出水资源的时空分布特征，达成知识迁移。还可采用小组研讨等方法，探讨节约用水的措施。根据情况，可把世界水日等内容安排为宣传节约用水，组织学生探讨。教师可准备：多媒体课件。学生可准备：查找节约用水的方法和宣传图片。

教学目标

1. 学会运用资料说明我国水资源的时空分布特点及其对于社会经济发展的影响。
2. 举例说明我国为解决水资源分布不均而建设的大型工程。
3. 提高保护和节约水资源的意识。

教学重点

水资源的时空分布规律。

教学难点

自然环境之间的联系。

教学流程及评析

一、新课导入

【展示】播放中央电视台节水广告，“水是生命之源，请节约每一滴水”——幻灯展示**【视频播放广告，很容易引学生注意，提高学生兴趣，迅速进入课堂教学氛围。】**

二、新课教学

【叙述】人类每天都离不开水，它是一种自然资源。第一册书中曾经提过，我们的地球应被称作水球，但实际上水资源是有限的，为什么呢？

【展示】“水资源是有限的”图——幻灯展示

【叙述】地球上的水，97%是海水，而我们平常所说的水资源，是我们能够饮用，洗衣等的淡水资源，它仅占2.5%。【如果学生没注意到还差0.5%，则教师提醒并解释，提高学生兴趣。】

【叙述】如果这2.5%的淡水，我们能使用它的比率不用太高，1%吧，那我们的淡水资源也可以夸张地说，随便用吧，这是什么意思？【学生读图回答，然后强调，我们平时使用的淡水仅占（加重语气）淡水资源的0.3%。】

【提问】大部分淡水以何种方式存在，目前人类利用哪些形式的淡水资源？【学生看书回答，并记忆。】

【提问】人类利用的主要淡水资源是江河湖泊水和浅层地下水，那它靠什么补充呢？【学生回答，靠大气降水补充还是比较容易想到的。】

【叙述】所以，我们本节课分析的水资源，实际上就是利用我们所学的气候（主要是降水方面）和河流特征来分析。【幻灯展示降水特征，引导学生回忆并回答，教师板书。】

【板书】气候
- 气温
- 降水
  - 年降水量分布
  - 季节变化

【叙述】降水的特征分别是年降水量的分布规律和季节变化规律，在水资源这里我们分别分析它的空间和时间分布规律。

【展示】“我国河流流量分布示意”——幻灯展示

【提问】我们分析的是水资源，为什么图名是河流流量？【学生回答，我们利用的水资源主要是江河湖泊水。】

【提问】河流流量与降水分布规律有何联系。【学生从东南多，西北少的特征，一般得出东南河流流量大，西北河流流量小的特征。教师引导，对于中国人口的分布的实际情况，只考虑东部的话，则南多北少，然后落实到课文中的南丰北缺。】

【展示】土地资源一节“我国北方和南方水土资源比较”——幻灯展示

【提问】可以看出，资源配合不合理，请问，如何解决？【学生很容易答成南水北调，教师更正为方法应叫作“跨流域调水”，并解释。】

【展示】《南水北调示意图》——幻灯展示【教师可多介绍相关情况，如三条线路的优缺点等，学生还是很感兴趣的，过程中把知识点落实。】

【提问】降水还有另外一方面的特征，季节变化，那对应的水资源特征会怎么样？【学生回答，河流有汛期，夏季涨水，冬季枯水，学生一般会有所感受。】

【提问】如何解决？【一般学生会答出兴修水库，可由学生直接解释。】

【叙述】通过以上学习，我们知道了我国水资源是存在很大问题的，而我国的实际国情更加加剧了水资源的紧张。【学生思考后回答，浪费水和水污染很大一部分学生能答出，教师补充，我国人口众多，人均水资源不足也是实际情况。】

【叙述】总之，中国是一个贫水国家。

【提问】基于上述国情，我们应该如何做？【学生研讨，时间视课堂进度，教师引导节水宣传也是一项重要工作，顺便介绍世界水日和节水标志等内容。】

三、小结

本节课我们学习了我国水资源的内容，要掌握水资源时空分布规律和相应的解决措施。

【提问】这节课我们学了些什么？还有哪些问题？【学生小结本节课所学内容，教师补充完整；并把主要内容有条理地清晰地展现出来，形成知识网络。】

降水｛年降水量分布：东南多，西北少；季节变化：集中在夏季｝河流——→水资源｛空间：南丰北缺；时间：夏涨冬枯｝

四、练习

幻灯展示知识点及学生互动练习。

教学反思

本节课内容学生还是很感兴趣的。介绍淡水资源的比例时，学生们一片感叹。介绍南水北调工程时学生听地津津有味。探讨节水措施，学生也纷纷发表意见。即使是分析水资源的分布特点，由于是从已学内容分析，学生也同样感觉不到难度而兴趣盎然。

中国的铁路

何宏权

教材分析

教学课题选自人教版八年级地理第四章“中国的经济发展”第一节“逐步完善的交通运输网”——中国的铁路。本教学设计内容是“逐步完善的交通运输网”一节中的一部分。“逐步完善的交通运输网”一节一般安排三课时。本人调整了教材的编排，第一课时介绍交通的地位，交通的方式及选择合适的交通方式。第二课时讲述中国的铁路。第三课时介绍列车时刻表及旅游路线的设计等内容。这样安排，把中国的铁路这部分用一堂完整的课时讲授，有利于从整体上把握铁路的特点，也有利于大量知识点的记忆。中国的铁路这部分内容主要介绍了铁路线的命名方法，南北，东西向铁路干线的分布及铁路枢纽的分布等内容。知识容量大，地名多，但理解性知识点不多。

学情分析

一般学生对铁路不陌生，坐过火车的也不少。但他们坐在火车上想的问题不会是我坐在哪条铁路线上。应该说学生学习铁路线的兴趣肯定有，但本节讲授的内容对于他们还是陌生的。利用他们的兴趣，带给他们美好的憧憬，让他们想象知道如何坐火车到各地的乐趣，学生的记忆就有动力了。

设计理念及教学方法

《新课程标准》倡导“改变地理的学习方式”的理念。本节内容容量大，要求记忆地名多，还要落实到地图中。教师应该既讲授知识点，也要分析记忆的方法，方便学生记忆，让学生记得准，记得牢。还要让学生多动手，通过填图，加深印象。书中的铁路干线图只有铁路线，学生不易确定准确的地点，我要求学生准备空白中国图，同时教师的课件在显示铁路干线时，也是在带有中国轮廓的地图中显示，这样学生的定位会比较准确。教师可准备：多媒体课件。学生可准备：空白中国图。

教学目标

1. 记住我国主要的铁路干线。

2. 了解铁路线命名的方法。

3. 了解我国重要的铁路枢纽。

教学重点

铁路干线的名称和位置。

教学难点

铁路干线的空间分布。

教学流程及评析

一、新课导入

【展示】课前视频播放《天路》——幻灯展示

【叙述】一曲美妙动听的《天路》，表达了藏族人对铁路的向往。西藏自治区是我国最后一个通铁路的省区。本节我们详细了解我国的铁路。【歌曲引入，吸引学生注意力，提高兴趣。学生较易进入课堂学习氛围。】

二、新课教学

【叙述】铁路运输是我国最重要的运输方式，也是我们学习的重点。【开门见山强调重要性，引起学生重视，提高注意力。】

【叙述】中国的铁路线很多，并不要求我们全部掌握。我们需要掌握我国重要的铁路干线名称，应该记住它们的起止点，了解每条干线主要经过的城市，最终还要落实到地图中。

最终，设想将来我们坐在火车上，就会知道是坐在哪能条铁路线上，最关键的是，我们还能知道到某地如何乘坐火车。【展示教学目标，学生学习有目的性。】

【展示】课后活动中，京沪线命名方法——幻灯展示【教师讲述后，选几个常见的学生判断回答。】

【展示】铁路干线分布课件——幻灯展示【课件应该首先只展示中国空白图，然后依次展示铁路干线和起止点。】

【叙述】紧跟老师，通过读图，填图，记忆我国的铁路干线。【学生准备自己的空白图，准备填图。】

【叙述】铁路干线可以分成南北和东西两组，先研究南北干线。

【提问】第一条，找京哈－京广线，两段是一条，先看京哈线，根据名称判断起止点。【起止点北京到哈尔滨，学生很易回答。】

【展示】在多媒体课件中，首先显示北京，然后显示哈尔滨，再显示京哈线——幻灯展示【学生在自己书中找出相应地点，并描绘线路，再在自己空白图中填出。】

【提问】请说出京哈线经过的重要城市。【学生读图判断回答，给一些描线可能出偏差的同学重新确认的机会。】

【叙述】按照这种方法，下面看另一段京广线。【按照上述方法，重复进行，依次找出南北干线的五纵和东西干线的三横。】

【叙述】我们一下子接触了这么多干线名称和起止点，记忆量很大，有点难度，总结一下规律，方便记忆。【教师叙述规律，学生据图回忆分析，并记忆。】

【总结】首先从总体上把握，五条南北向干线，三条东西向干线，合计五纵三横。第二，从分布上，两组都是中间一条最长，南北向的是京哈—京广线，东西向的是陇海—兰新线。第三，以中间这条为轴，两组都是一侧与北京有关，另一侧与北京无关，具体是南北向东面两条京沪线，京九线与北京有关，西面两条焦柳线，宝成—成昆线与北京无关，东西向北面一条京包—包兰线与北京有关，南面一条沪杭—浙赣—湘黔—贵昆线与北京无关。最后看起止点，大部分从干线名称上能判断出起止点，特殊记三条半，半条是兰新线，三条是陇海线，浙赣线，湘黔线。

【叙述】这样做还不够，换一种方法总结。【指导学生做书后活动填表格，找学生按顺序回答，其他记录，填写表格。】

【叙述】过程中可以看出，有一些地点有许多干线经过，这叫铁路枢纽。【学生判断，一般会从北京开始，由学生回答经过该点的铁路干线，同样方法进行其他铁路枢纽，并填图。】

【叙述】现在，如果我给出两个地点，你们应该能够知道坐哪条铁路干线能够到达了。【学生据图回答，先易后难，注意有多种方案的情形，说明要考虑实际的车次问题，为下节课内容做辅垫。】

三、小结

本节课我们学习了中国的铁路内容，要掌握我国重要的铁路干线的名称，起止点用、及重要铁路枢纽的名称。记忆量较大，多利用地图记忆。

【提问】这节课我们学了些什么？还有哪些问题？【学生小结本节课所学内容，教师补充完整；并把主要内容有条理地清晰地展现出来，形成知识网络。】

（一）我国最重要的运输方式

（二）铁路干线

A. 南北向

B. 东西向

C. 铁路枢纽

四、练习

幻灯展示知识点及学生互动练习。

教学反思

本节课内容很多，记忆量大。本人首先要求学生动手填图，手脑并用，效果明显。其次，总结介绍规律，方便学生记忆，省时省力。第三，要把学生兴趣调动起来，也对记忆有帮助。当堂课下来，许多学生已经记得八九不离十了。

台湾省

何宏权

教材分析

教学课题选自人教版八年级地理下“台湾省”。“台湾省”教学是一个标准的区域地理教学。本节教材从内容上分为三部分。第一部分讲述“祖国神圣的领土”，第二部分主要介绍台湾的自然条件及丰富的物产，第三部分主要介绍台湾的经济发展状况。以上三部分内容，突出了知识之间的联系性，同时也较好地体现了新《地理课程标准》的要求。学习台湾应首先结合教材文字及活动，从地理学科的角度，明确台湾省在政治上的领土归属问题，然后再顺序介绍位置，范围，自然环境，人文环境。教材没有专门的地形，气候，河流等自然环境的标题，而是以活动的方式出现在物产，资源内容中，这样做的目的是为了使学生更好地明确自然条件与物产，资源之间的因果关系。台湾的经济发展状况，则延续农产品丰富的内容，提及过去以农产品加工为主，然后过渡到介绍目前出口加工工业占主导的发展变化过程，最后又以活动分析出产业结构变化特点。教材内容没有什么难点，可以适当地增加自然环境与物产和资源之间的联系的讲述，如分析各种物产的分布与地形，气候的关系，可以培养学生分析问题的能力以及地理环境各要素相互影响相互联系的思想。本节课时安排为一课时。

学情分析

八年级地理下册是中国地理区域部分。在此之前，区域地理的学习方法学生接触了很多，而上册的中国地理总论实际上也是把中国任为一个区域来讲述的。所以，学生已经很熟悉区域地理这种结构了。从教材内容安排上，台湾省教学是一个标准的区域地理的教学。而对于神奇而美丽的台湾省，学生一定是充满了好奇。很多学生早早地就阅读完了本节内容。阿里山，日月潭，台北，高雄，学生早已耳熟能详。我想教师要做的就是充分利用学生这种好奇心和兴趣所在，把结构和重点引导学生找出来并落实。

设计理念及教学方法

《新课程标准》倡导“改变地理的学习方式”的理念。根据对教材内容安排的分析和学生学情的分析，本人在本节教学中采用学生自学加教师引导分析相结合的方法，利用多媒体课件，教师把本节内容的知识结构以标题形式展现给学生，让学生自行查找相关内容并落实，而对于需要理解的自然环境与物产，资源的因果关系的分析，则教师引导分析。这样做，可以使重点突出，知识落实稳固，又有利于能力的培养。教师可准备：多媒体课件。学生可准备：查找台湾省的相关资料。

教学目标

1. 运用地图说出台湾的位置，范围。
2. 运用地图和资料，分析台湾自然地理环境特点及各因素之间的联系。
3. 初步学会运用资料分析台湾的经济特征。
4. 明确台湾省自古以来是祖国不可分割的神圣领土。

教学重点

台湾省的基本区域特征。

教学难点

自然环境与物产和资源的因果关系分析。

教学流程及评析

一、新课导入

【展示】播放台湾风光的视频。——幻灯展示【引发学生兴趣，迅速进入学习氛围。】

二、新课教学

【叙述】视频中播放的是台湾风光，一般我们所说的台湾是台湾岛，它与我们本节所学的台湾省不完全相同。

【提问】台湾包括哪些部分？【学生查找课文后回答。】

【叙述】其中钓鱼岛是台湾省的一部分。台湾省与我国大陆很近。【引导学生量算高雄，基隆与福州，厦门的距离，体会台湾与大陆在空间上密不可分。】

【叙述】台湾从各方面来说，都是祖国领土不可分割的一部分。【引导学生做课后活动 2，学生直接回答。】

【叙述】本节课，我们利用已知的区域地理的学习方法，结合老师所给的题目，自学并落实台湾省的内容。

【展示】教学内容第一部分，位置和范围——幻灯展示【学生结合课文查找位置和范围相关内容，同时教师手绘台湾轮廓板图。一定时间后，学生回答题目，北回归线，太平洋，东海，南海，台湾海峡，澎湖列岛等内容填图。】

【展示】第二部分自然环境题目（地形，气候，河流）——幻灯展示【提醒学生可参考其他地图查找并填写。一定时间后，学生直接分析并回答山地为主，玉山，亚热带热带季风气候，浊水溪等内容。玉山，浊水溪需要填图。】

【叙述】在这样的自然环境条件下，台湾有丰富的物产和资源。

【展示】书后活动台湾美称表格——幻灯展示

【提问】“海上米仓”是指什么物产？【学生回答出水稻不难。】

【展示】“台湾岛主要农产品分布图”——幻灯展示

【提问】它分布在台湾的什么地方？为什么？【学生据图回答在西部平原，原因从主要考虑地形上是平原分析，可提醒水热条件充足也是一个原因。】

【提问】“东方甜岛”是什么物产？它分布在台湾什么地方？【学生回答出甘蔗，教师提示甘蔗是热带作物后，学生回答出分布在台湾南部地区。】

【提问】“水果之乡”是指有什么物产？它们分布在台湾什么地方？【学生据图回答是香蕉和菠萝，而它们的分布有些难度，如学生答不出，教师可介绍，它们属于林业产品，分布在高山与平原之间的丘陵地带。】

【提问】“森林之海”对应的物产是指森林，它分布在台湾的什么地方？【有了上述分析，答出森林分布在山地不难，教师提醒属于原始森林，所以在高山区。】

【提问】有关森林资源，还有一个相关的美称，说明什么？【学生找课文回答美称，引导学生说明树种多，进一步分析是因为山地的垂直变化。】

【提问】“东南盐库”所指物产是海盐，它分布在台湾哪一侧海岸？【有些难度，展示台湾降水图，说出处于背风坡降水少的西海岸适合晒海盐。】

【提问】台湾物产丰富，不过有没有与工业发展密切相关的矿产方面的美称？【学生判断没有。】

【叙述】阅读课文，说明台湾工业发展特征。【学生找出工业特征的关键词语，并记忆。】

【叙述】如今，台湾省的经济发展又有了新的特征。【引导学生做书后活动。】

三、小结

把区域地理的方法用在台湾省的学习上。

【提问】这节课我们学了些什么？还有哪些问题？【学生小结本节课所学内容，教师补充完整；并把主要内容有条理地清晰地展现出来，形成知识网络。（见板书）】

四、练习

幻灯展示知识点及学生互动练习。

五、板书

（一）位置

A. 纬度位置：1. ______线

B. 海陆位置：2. ______洋 3. ______海 4. ______海 5. ______海峡

（二）范围

（三）地形

A. ________为主 6. ________山

（四）气候

________带________带________气候

（五）河流

7. ________溪

（六）物产和资源

（七）工业

（八）城市

8. ________ 9. ________ 10. ________

教学反思

台湾省是很多人向往的地方。教材安排的教学内容不难，如果仅以正常的方式教学，学生会自己在下面看书而不听讲授。不想出些新奇的内容和方法，学生不会买账。本人从内容上增加了一些需要学生思考的问题，就是分析物产与自然环境的联系。而实际上这些内容学生都学过，只是能不能联系上的问题。教师引导后，学生会有一种恍然大悟的感觉，这就是效果。而从形式上，学生自学也是一种很好的方式。

西双版纳

何宏权

教材分析

教学课题选自人教版八年级地理下——“西双版纳”。西双版纳是一个特征非常明显的区域，旅游是它的主题。本节内容主要就是认识西双版纳的旅游特色，它是地理科学区域性和综合性的体现，在帮助同学建立学习地理的基本思路上，具有不可替代的作用。本节从区域的海陆位置入手，分析地理环境各要素（自然，人文）之间相互影响，相互制约的关系，得出本区域热带季风气候下的总体特征，然后确定其经济发展方向——旅游。有许多知识为理解性的知识，侧重对自然地理环境各要素之间关联的理解。本节内容还涉及少数民族地区的发展问题，是爱国主义教育的素材。此外，本人认为，增加一些旅游业的相关知识，及学生极感兴趣的旅游路线的设计等内容，也是很有必要的。课时安排为一课时。

学情分析

旅游绝对是学生感兴趣的话题。西双版纳也绝对够吸引人。学生学习的积极性不用调动，而是要利用好这种积极性。过程中既要把知识点落实，也要把这种积极性延续下去。加入一些如何去旅游的内容，学生也会兴致不减。让学生参考教材自己设计旅游路线就是一个很好的选择，这应该是他们能够做到也乐于去做的。

设计理念及教学方法

《新课程标准》倡导“改变地理的学习方式”的理念。本节内容主题非常明显。学生也可以明确地知道这个主题。所以本人设计本节内容采用先明确主题，然后围绕主题展开各项内容的方法。不再按一般区域从位置入手，先分析自然环境，再分析人文环境的顺序讲授，而是针对主题，讲述旅游资源、成因、发展、存在问题等围绕主题的内容。最后，引导学生设计旅游路线。因为所有的讲述都是围绕旅游，所以有利于学生对西双版纳旅游这个主题的深刻理解。具体来说，旅游资源是介绍西双版纳的动植物资源，成因是从西双版纳的位置分析它的气候特征，发展和存在问题则对应区域的经济，实际上就是旅游业。这样安排，符合一般认识事物的基本顺序。教师可准备：多媒体课件。学生可准备：收集有关西双版纳的资料。

教学目标

1. 了解西双版纳的位置优势。
2. 掌握原始热带雨林景观的基本特征。
3. 了解西双版纳的资源优势。
4. 探讨可持续发展的意义。

教学重点

西双版纳的基本特征。

教学难点

地理环境各要素相互关联的理解。

教学流程及评析

一、新课导入

【展示】西双版纳景观图片——幻灯展示

【叙述】知道这是哪里的景观吗?【直接激发学生兴趣。】

二、新课教学

【叙述】西双版纳是我国著名的旅游胜地，我们本节课围绕旅游来学习西双版纳。

【提问】我们去旅游的目的基本上就是看风景和游玩，那么到西双版纳去看什么?【学生一般早已阅读过课文，加上有课前的景观图片，所以能够回答出植物，动物等。】

【叙述】这些都是西双版纳的旅游资源，我们具体看看。

【展示】《多姿多彩的雨林植物》——幻灯展示【教师结合教师教学用书资料向学生多介绍些相关内容，如望天树的层次，小学语文《鸟的天堂》提及的独木成林的榕树等。学生一般兴趣很高。】

【叙述】在茂密的原始森林中还有许多特有的动物。

【展示】《可爱的雨林动物》——幻灯展示【学生读出名称，教师也可介绍一些相关资料。】

【提问】还能想到去哪看什么?【学生阅读课文后，回答还有民族风情。】

【展示】"深受自然环境影响的傣族文化生活"——幻灯展示

【叙述】这些风俗习惯都是受当地的自然环境影响而形成的。【学生分析各图片所反映的自然环境，之前学生学过"聚落"，内容中有类似的练习，学生答出不难。】

【叙述】通过以上分析，这些景观和风俗都和当地的自然条件，主要是气候条件有关，那我们分析一下当地是什么气候。

【展示】"景洪市年内各月气温和降水量"——幻灯展示【学生描述气候特征，总结出是热带季风气候。】

【提问】为什么会形成热带季风气候？一般分析气候从纬度位置和海陆位置分析。【引导学生分析气候成因，纬度位置在北回归线以南，所以是热带；海陆位置是处于印度洋和亚欧大陆之间，形成季风气候。】

【叙述】在分析海陆位置过程中，结合地图，我们还可以发现一类特殊的旅游资源，由于毗邻东南亚，又有澜沧江也就是湄公河一衣带水，所以可以组织出境游。

【提问】请总结一下西双版纳的旅游资源有哪些？【学生总结。】

【叙述】西双版纳就是利用这些资源发展旅游业，不过，发展也经历了从无到有，由弱到强的过程。【学生阅读“蓬勃发展的旅游业”框题内容及书后活动，并结合文字图表理解西双版纳的旅游业的发展。学生阅读课文过程中，教师介绍旅游业的特点。】

【叙述】旅游业具有投资少，收效快，利润高的特点。【根据情况，适当控制时间，多留时间给学生做路线设计。】

【叙述】现在假设我们就要去西双版纳旅游，我们应该准备什么呢？【组织学生讨论，分别从气候，民族风情等探讨旅游应注意问题。】

【叙述】还有一个很重要的问题，设计路线，请同学们各抒已见。

【展示】《西双版纳旅游景区和跨国旅游线路的分布》——幻灯展示【教师准备一两条自己设计的路线，抛砖引玉，启发学生讨论。】

三、小结

旅游是我们生活中必不可少的。通过本堂课的学习，我们了解了旅游胜地西双版纳的基本情况，更主要的是我们可以从地理的角度研究如何去那儿旅游。还有更多的地方等待我们去研究。

【提问】这节课我们学了些什么？还有哪些问题？【学生小结本节课所学内容，教师补充完整；并把主要内容有条理地清晰地展现出来，形成知识网络。】

西双版纳——旅游
- 资源：动植物，民族风情，出境游
- 条件：气候——热带季风气候
- 发展：景点和旅游路线

四、练习

幻灯展示知识点及学生互动练习。

教学反思

本节课非常适合做公开课，内容与生活联系紧密，学生感兴趣，活动多，需要理解的内容不难，基本上都是用学过的方法分析，景观图片和视频资料也很丰富且吸引人。做给内行人则多分析各要素之间的联系，做给外行人则多展示图片和资料，再加上合适地调动学生参与，一定会有好的效果。